审 计

押题册 ™

推倒CPA这堵墙

荆 晶 主编

人民出版社

责任编辑：薛岸杨

特邀编辑：李琳琳

图书在版编目（CIP）数据

审计押题册．2019 ／ 荆晶主编．—北京 ：人民出

版社，2019

ISBN 978-7-01-020742-1

Ⅰ．①审…　Ⅱ．①荆…　Ⅲ．①审计–资格考试–习题

集　Ⅳ．①F239-44

中国版本图书馆 CIP 数据核字（2019）第 078104 号

审计押题册

SHENJI YATICE

荆　晶　主编

人民出版社出版发行

（100706　北京市东城区隆福寺街 99 号）

三河市中晟雅豪印务有限公司印刷　新华书店经销

2019 年 6 月第 1 版　2019 年 6 月第 1 次印刷

开本：710×1000　1/16　印张：11.5

字数：272 千字　印数：10,000 册

ISBN 978-7-01-020742-1　定价：65.00 元

版权所有　　侵权必究

邮购地址　100706　北京市东城区隆福寺街 99 号

人民东方图书销售中心　电话：010－65250042　65289539

中华会计网校财务书店　电话：010－82318888

推倒 CPA 这堵墙，你只差这一本押题册！

如果你备考时间零散，教材学习进度缓慢，知识点理解不透，做题能力较差，主观题是"死穴"，要想在考前最后两个月"拿下"CPA，就请吃透本书，牢记每一个"押题点"，弄清楚每一道"历年真题"和"预测题"，一举推倒 CPA 这堵高"墙"！

一、本书结构安排

第一部分考情分析，对近六年的分值分布、考点分布、每道主观题目的考点精析罗列展现，并对 2019 年进行独家预测。

第二、三部分专题讲解，分专题进行逐一讲解，每个专题分为【考点梳理】【历年真题】【2019 年预测题】。

【考点梳理】对本专题主要涉及的考点以"押题点"的形式体现，既可以作为客观题的考点必背，也可以作为主观题的考点提炼。

【历年真题】是精选近年的考试真题，对应专题相关考点。

【2019 年预测题】是编者精心预测，密押考点，编排试题。

二、本书特点

本书定位有如下两点：

【考点梳理】（押题点）＝2019 年客观题考点基本覆盖

【历年真题】【2019 年预测题】＝ 2019 年主观题考点 99% 覆盖

"真题+预测题"是一个并集的概念，需要学员把每个专题的"历年真题"和"2019 年预测题"都"吃透"，这样才能把握住 2019 年主观题的考查重点，以达到"押题"的效果。

三、考前冲刺提示

2019 年注册会计师《审计》考试时间为：2019 年 10 月 19 日，上午 8：30-11：00，时长 2.5 小时。

《审计》试卷题型、题量及分值分布如下：

题型	题量	分值
单项选择题	25	25
多项选择题	10	20
简答题	6	36
综合题	1	19

本押题册重点针对占试卷分值 55 分的简答题和综合题部分。

本书通过对近六年的考试规律进行总结和归纳，发现很多考点在形式和内容的考查上都比较相似，甚至形成了一种固定的命题模式，比如简答题，一贯保持了列举事项并判断恰当与否的模式。所以，通过本书，可以快速帮助考生了解命题风格，知晓答题思路，明确考试的重点，揣摩出题思路，掌握解题技巧。

押题册纲要：本书分为三部分，其中第二部分和第三部分又分别划分了多个具体的专题，按照简答题和综合题的命题点一一精析阐述。

（一）第二部分简答题包括十二个专题：

（1）职业道德；

（2）质量控制；

（3）审计报告；

（4）集团财务报表审计；

（5）供产销货币资金审计（除函证、存货监盘）——内部控制、控制测试、实质性程序；

（6）特殊项目审计、期后事项、利用他人的工作；

（7）内部控制审计；

（8）审计抽样方法；

（9）应收账款、应付账款和银行存款函证；

（10）存货监盘与计价测试；

（11）审计计划、审计工作底稿和分析程序；

（12）对舞弊和法律法规的考虑。

（二）第三部分综合题包括四个专题：

（1）风险-认定-内部控制-控制测试、实质性程序；

（2）判断做法是否恰当；

（3）续写审计报告；

（4）对应数据、比较财务报表、其他信息。

上述各个专题都是按照注会审计科目主观题的命题方式和考核点来设置的，对应试来说具有绝对的指导意义。

注意：

（1）本押题册涉及的历年真题均按 2019 年教材进行了重编。

（2）本押题册内【考点梳理】+【历年真题】+【2019 年预测题】将覆盖 2019 年考题 99% 以上的考点，所以切勿仅做预测题。

（3）预测星级较低并不绝对意味着考到的概率较小。星级较低的知识点往往会在选择题中考查，所以，请不要因为概率小就不重视。

我以个人对注会考试的理解以及两个半月一次过六科的经验为大家编写了注会六科的押题册，但限于个人精力有限，编校工作纷繁琐碎，本押题册难免存在一些疏漏和错误，敬请广大考生批评指正。

机会每个人都有，但你可能不知道碰到了它。希望押题册成为给你最后机会的书！预祝所有考生，逢考必过！

荆 晶

注 会 审 计 押 题 册
ZHUKUAI SHENJI YATICE

目录

CONTENTS

第三部分　综合题专题讲解

附录　简答题必背

押题点索引

第二部分　简答题专题讲解

第三部分　综合题专题讲解

第一部分　简答题、综合题考情分析

一、近六年(2013年~2018年)简答题、综合题分布

1. 简答题分布

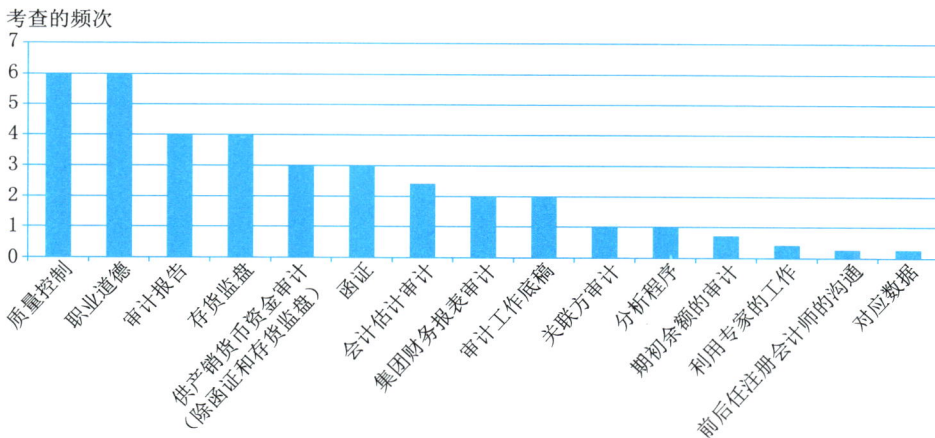

2. 综合题分布

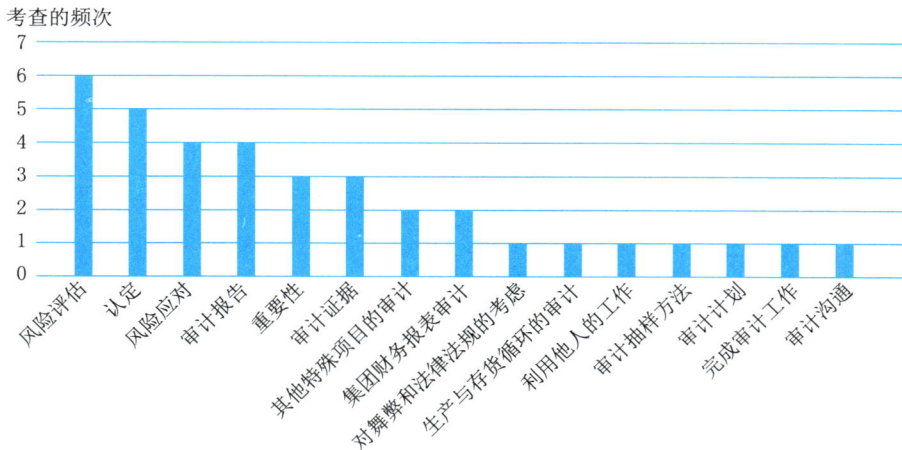

二、近六年(2013年~2018年)简答题、综合题精析

1. 简答题精析

年份	主要考核点					
	第1题	第2题	第3题	第4题	第5题	第6题
2013	质量控制:判断做法是否恰当,如不恰当说明理由	职业道德:判断是否违反职业道德守则,并说明理由	函证:判断做法是否恰当,如不恰当,说明理由	关联方审计:写应对措施+判断做法是否恰当,如不恰当,提出改进建议	前后任注册会计师的沟通、期初余额的审计、对应数据:判断做法是否恰当,如不恰当,说明理由	审计工作底稿:判断做法是否恰当,如不恰当,说明理由
2014	集团财务报表审计:判断做法是否恰当,并说明理由	存货监盘:判断做法是否恰当,如不恰当,说明理由	审计报告:指出应当出具何种类型的审计报告,并说明理由	职业道德:判断是否违反职业道德守则,并说明理由	质量控制:判断做法是否恰当,如不恰当,说明理由	会计估计审计:判断做法是否恰当,如不恰当,说明理由
2015	采购与付款循环的审计、银行存款的审计、销售与收款循环的审计:判断做法是否恰当,如不恰当,说明理由	分析程序:判断做法是否恰当,如不恰当,提出改进建议	函证:判断做法是否恰当,如不恰当,说明理由	职业道德:判断是否违反职业道德守则,并说明理由	质量控制:判断做法是否恰当,如不恰当,说明理由	审计报告:指出应当出具何种类型的审计报告,并说明理由
2016	存货监盘:判断做法是否恰当,如不恰当,说明理由	采购与付款循环的审计:判断做法是否恰当,如不恰当,说明理由	会计估计审计(2/5)、利用专家的工作(2/5)、期初余额的审计(1/5):判断做法是否恰当,如不恰当,说明理由	集团财务报表审计:判断做法是否恰当,如不恰当,简要说明理由	职业道德:判断是否违反职业道德守则,并说明理由	质量控制:判断内容是否恰当,如不恰当,说明理由

续表

年份	主要考核点					
	第1题	第2题	第3题	第4题	第5题	第6题
2017	存货监盘：判断做法是否恰当，如不恰当，说明理由	货币资金的审计：判断做法是否恰当，如不恰当，说明理由	审计工作底稿：判断做法是否恰当，如不恰当，说明理由	审计报告：判断做法是否恰当，说明理由	职业道德：判断是否违反职业道德守则，并说明理由	质量控制：判断内容是否恰当，如不恰当，说明理由
2018	函证：判断做法是否恰当，如不恰当，说明理由	存货审计：判断做法是否恰当，如不恰当，说明理由	会计估计审计：判断做法是否恰当，如不恰当，说明理由	审计报告：判断做法是否恰当，说明理由	职业道德：判断是否违反职业道德守则，并说明理由	质量控制：判断内容是否恰当，如不恰当，说明理由

2. 综合题精析

年份	主要考核点
2013	风险评估、认定、风险应对、审计报告
2014	风险评估、认定、重要性、风险应对、审计证据、其他特殊项目的审计
2015	集团财务报表审计、风险评估、风险应对、对舞弊和法律法规的考虑、生产与存货循环的审计、利用他人的工作、其他特殊项目的审计、审计抽样方法
2016	风险评估、认定、审计计划、风险应对、利用他人的工作、对舞弊和法律法规的考虑、完成审计工作、审计报告
2017	风险评估、认定、风险应对、其他特殊项目的审计、审计证据、审计报告、审计沟通、审计抽样方法
2018	风险评估、认定、审计计划、风险应对、完成审计工作、审计报告、审计证据、审计抽样方法、对舞弊和法律法规的考虑

三、2019 年简答题、综合题预测

1. 2019 年简答题预测

	简答题可能涉及的考查点	以往年份的考查情况						2019 年预测星级
		2013 年	2014 年	2015 年	2016 年	2017 年	2018 年	
1	职业道德	★	★	★	★	★	★	★★★★★
2	质量控制	★	★	★	★	★	★	★★★★★
3	审计报告		★	★		★	★	★★★★★

简答题可能涉及的考查点	以往年份的考查情况						2019 年预测星级
	2013 年	2014 年	2015 年	2016 年	2017 年	2018 年	
4 集团财务报表审计		★		★			★★★★★
5 供产销货币资金审计(除函证、存货监盘)－内部控制、控制测试、实质性程序			★	★	★		★★★★★
6 特殊项目审计	★	★	★	★		★	★★★★★
7 内部控制审计							★★★★★
8 审计抽样方法							★★★★★
9 函证(银行存款、应收账款、应付账款)	★		★			★	★★★★
10 存货审计(监盘为主)		★		★	★	★	★★★★
11 审计计划、审计工作底稿、分析程序	★		★		★		★★★★
12 对舞弊和法律法规的考虑							★★★★

2. 2019 年综合题预测

综合题可能涉及的考查点	以往年份的考查情况						2019 年预测星级
	2013 年	2014 年	2015 年	2016 年	2017 年	2018 年	
1 风险评估	★	★	★	★	★	★	★★★★★
2 认定	★	★		★	★	★	★★★★★
3 风险应对	★	★	★	★	★	★	★★★★★
4 审计报告(判断意见类型,续写相应段落)	★			★	★	★	★★★★★
5 重要性		★					★★
6 审计证据		★			★	★	★★★★
7 其他特殊项目的审计		★	★		★		★★★★
8 集团财务报表审计			★				★★
9 对舞弊和法律法规的考虑			★	★		★	★★★★
10 生产与存货循环的审计			★				★★
11 利用他人的工作			★	★			★★★
12 审计抽样方法			★			★	★★★

续表

	综合题可能涉及的考查点	以往年份的考查情况						2019 年预测星级
		2013 年	2014 年	2015 年	2016 年	2017 年	2018 年	
13	审计计划				★		★	★★★
14	完成审计工作						★	★★
15	审计沟通					★		★★
16	对应数据、比较财务报表、其他信息							★★

2 第二部分　简答题专题讲解

专题一　职业道德

考点梳理

押题点 ①　经济利益对独立性的不利影响

一、10 个受限制主体

(1)会计师事务所；

(2)审计项目组成员；

(3)审计项目组成员的主要近亲属；

(4)审计项目组成员的其他近亲属；

(5)所在分部的其他合伙人；

(6)所在分部的其他合伙人的主要近亲属；

(7)为审计客户提供非审计服务的其他合伙人；

(8)为审计客户提供非审计服务的其他合伙人的主要近亲属；

(9)为审计客户提供非审计服务的管理人员；

(10)为审计客户提供非审计服务的管理人员的主要近亲属。

二、主要事件

拥有直接经济利益或重大的间接经济利益。

三、各受限制人员在不同情况下对独立性的影响

各受限制人员在不同情况下对独立性的影响，见表 1：

表 1 各受限制人员在不同情况下对独立性的影响

受限制人员/实体	实体			
	审计客户（注1）	在审计客户中拥有控制权并且审计客户对其重要的实体	在审计客户中拥有经济利益的非审计客户实体	审计客户的董事、高级管理人员或具有控制权的所有者拥有经济利益的实体
1. 会计师事务所	×	×	×(注3)	评价不利影响
2. 审计项目组成员				
(1)自身	×	×	×(注3)	评价不利影响
(2)主要近亲属(父母、配偶、子女)	×	×	×(注3)	评价不利影响
(3)其他近亲属(兄弟姐妹、祖父母、外祖父母、孙子女、外孙子女)	评价不利影响	√	√	√
3. 所在分部的其他合伙人				
(1)自身	×	视情况而定	√	√
(2)主要近亲属(父母、配偶、子女)	×(注2)	视情况而定	√	√
4. 为审计客户提供非审计服务的其他合伙人、管理人员				
(1)自身	×	视情况而定	√	√
(2)主要近亲属(父母、配偶、子女)	×(注2)	视情况而定	√	√

"√"：可以在以下实体拥有直接经济利益或重大间接经济利益。

"×"：不可以在以下实体拥有直接经济利益或重大间接经济利益。

注1：包括通过继承、馈赠或因合并而获得经济利益。但不包括以受托人身份而获得经济利益。

注2：如果是作为审计客户的员工有权(例如通过退休金或股票期权计划)取得该经济利益，而且在必要时能够采取防范措施消除不利影响或将其降低至可接受的水平，则不被视为损害独立性。但是，如果拥有或取得处置该经济利益的权利，例如按照股票期权方案有权行使期权，则应当尽快处置或放弃该经济利益。

注3：如果经济利益重大，并且审计客户能够对该实体施加重大影响。

押题点② 雇佣关系

(1)关注跳槽的方向；

(2)关注"关键审计合伙人"和"高级合伙人"加入公众利益实体的不同情况。

押题点③ 与审计客户长期存在业务关系

1. 审计公众利益实体的审计客户

适用于一般公众利益实体的审计客户的轮换时间，见表2：

表2 适用于一般公众利益实体的审计客户的轮换时间

已为公众利益实体的审计客户	轮换前最长服务年期	"暂停"服务期间
一般情况	5年	2年
特殊情况	6年	2年

在轮换后，至少要经过两年的时间(冷却期)，关键审计合伙人才能恢复其关键审计合伙人或审计项目组成员的身份。在两年的冷却期内，该关键审计合伙人也不得有下列行为：

(1)参与该客户的审计业务；

(2)为该客户的审计业务实施质量控制复核；

(3)就有关技术或行业特定问题、交易或事项向项目组或该客户提供咨询；

(4)以其他方式直接影响业务结果。

【示例1】注册会计师A作为项目经理担任甲公司(上市公司)2014年~2016年度财务报表审计的签字注册会计师，其晋升为合伙人后又担任了甲公司2017年~2018年度财务报表审计的项目合伙人。该注册会计师A作为关键审计合伙人的任职年限包括2014年~2018年。

【提示】如果某人在审计项目组担任的职务均属于关键审计合伙人，在确定其任职时间时，担任这些职务的年限需要合并计算。

【示例2】注册会计师A自2013年开始担任甲公司(上市公司)财务报表审计业务的项目合伙人，其中，因故没有担任2015年度财务报表审计的关键审计合伙人，随后其继续担任2016年~2018年度财务报表审计的关键审计合伙人。该合伙人的五年任期应从2013年算起，但2015年度不计算在该合伙人对该审计客户的五年任期之内。

【提示】该两年的冷却期应为连续的两个完整年度。只有在完成了冷却期后再次提供服务时，服务年限才可以重新计算。

2. 审计后成为公众利益实体的轮换时间

适用于客户成为公众利益实体后的轮换时间，见表3：

表3 适用于客户成为公众利益实体后的轮换时间

在审计客户成为公众利益实体前的服务年限(X年)	成为公众利益实体后继续提供服务的年限	"暂停"服务期间
X≤3年	(5-X)年	2年
X≥4年	2年	2年
如客户是首次公开发行证券	2年	2年

押题点 4 贷款和担保以及商业关系

一、贷款和担保

1. 禁止的情况

(1)银行或类似金融机构等审计客户不按照正常的程序、条款和条件提供贷款或担保；

(2)会计师事务所、审计项目组成员或其主要近亲属从不属于银行或类似金融机构的审计客户取得贷款，或由审计客户提供贷款担保；

（3）会计师事务所、审计项目组成员或其主要近亲属向审计客户提供贷款或为其提供担保。

2. 能够通过采取防范措施将不利影响降低的情况

会计师事务所按照正常的贷款程序、条款和条件，从银行或类似金融机构等审计客户取得贷款，该贷款对审计客户或会计师事务所影响重大。

3. 不会对独立性产生不利影响的情况

（1）审计项目组成员或其主要近亲属按照正常的程序、条款和条件从银行或类似金融机构等审计客户取得贷款，或由审计客户提供贷款担保；

（2）会计师事务所、审计项目组成员或其主要近亲属在银行或类似金融机构等审计客户开立存款或交易账户，账户按照正常的商业条件开立。

二、商业关系

一起开办企业、捆绑销售、互相推广产品服务，一票否决；如果从被审计单位购买商品，按正常交易程序，且交易性质不特殊且金额不重大则无妨；就算按照正常交易程序，但交易性质特殊或金额重大则可能因自身利益产生不利影响。

押题点 ⑤ 提供其他非鉴证服务

（1）关注是否承担了管理层职责；
（2）关注是否存在自我评价。

历 年 真 题

2018 年

上市公司甲公司是 ABC 会计师事务所的常年审计客户。XYZ 公司和 ABC 会计师事务所处于同一网络。审计项目组在甲公司 2017 年度财务报表审计中遇到下列事项：

（1）项目合伙人 A 注册会计师的妻子在甲公司担任人事部经理并持有该公司股票期权 1 万股，该期权自 2018 年 1 月 1 日起可以行权。A 注册会计师的妻子于 2018 年 1 月 2 日行权后立即处置了该股票。

（2）B 注册会计师曾担任甲公司 2016 年度财务报表审计的项目质量控制复核人，于 2017 年 5 月退休，之后未和 ABC 会计师事务所保持交往。2018 年 1 月 1 日，B 注册会计师受聘担任甲公司独立董事。

（3）XYZ 公司合伙人 C 的丈夫于 2017 年 7 月加入甲公司并担任培训部经理。合伙人 C 没有为甲公司提供任何服务。

（4）甲公司聘请系统实施服务商提供财务系统的优化设计和实施服务，聘请 XYZ 公司负责执行系统用户权限测试。系统实施服务商与 ABC 会计师事务所不属于同一网络。

（5）甲公司内审部计划对新并购的子公司执行内部控制审计。因缺乏人手，甲公司聘请 XYZ 公司协助执行该项工作，但 XYZ 公司不参与制定内审计划或管理层决策。

（6）乙公司是甲公司的子公司，从事小额贷款业务。2017年12月，乙公司和ABC会计师事务所联合对外发布行业研究报告，对该行业现状与前景进行分析，并介绍了乙公司的业务。

要求：针对上述第（1）至（6）项，逐项指出是否可能存在违反中国注册会计师职业道德守则有关独立性规定的情况，并简要说明理由。将答案直接填入答题区相应的表格内。

事项序号	是否违反（违反/不违反）	理由
（1）		
（2）		
（3）		
（4）		
（5）		
（6）		

【答案】

事项序号	是否违反（违反/不违反）	理由
（1）	违反	A注册会计师不应参与甲公司审计/A注册会计师的妻子不得以任何形式/通过员工股票期权计划拥有甲公司的直接经济利益，否则将因自身利益对独立性产生严重不利影响
（2）	违反	B注册会计师在2017年已审财务报表发布前就已担任甲公司独立董事，因密切关系和外在压力对独立性产生严重不利影响
（3）	不违反	合伙人C不是审计项目组成员，且其丈夫的职位对所审计的财务报表的编制不能施加重大影响，不会对独立性产生不利影响
（4）	违反	为甲公司进行财务系统的用户权限测试属于财务系统实施服务/且涉及承担管理层职责，将因自我评价对独立性产生严重不利影响
（5）	违反	该内部审计服务涉及甲公司与财务报告相关的内部控制，将因自我评价对独立性产生严重的不利影响
（6）	违反	ABC会计师事务所通过和乙公司共同发布的行业研究报告推广了乙公司的业务/属于禁止的商业关系

2017年

ABC会计师事务所委派A注册会计师担任上市公司甲公司2016年度财务报表审计项目合伙人。ABC会计师事务所和XYZ公司处于同一网络。审计项目组在审计中遇到下列事项：

（1）A注册会计师因继承其祖父的遗产获得甲公司股票20000股，承诺将在有权处置这些股票之日起一个月内出售。

（2）B注册会计师曾担任甲公司2011年度至2015年度财务报表审计项目合伙人，之后调离甲公司审计项目组，担任乙公司2016年度财务报表审计项目合伙人。乙公司是甲公司重要的子公司。

（3）2016 年 11 月，丙公司被甲公司收购成为其重要子公司，2017 年 1 月 1 日，甲公司审计项目组成员 C 的妻子加入丙公司并担任财务总监。

（4）D 注册会计师和 A 注册会计师同处一个分部，不是甲公司审计项目组成员。D 的母亲和甲公司某董事共同开办了一家早教机构。

（5）丁公司是甲公司的母公司，聘请 XYZ 公司为其共享服务中心提供信息系统的设计和实施服务。该共享服务中心承担丁公司下属各公司的财务及人力资源等职能。丁公司不是 ABC 会计师事务所的审计客户。

（6）ABC 会计师事务所推荐甲公司与某开发区管委会签订了投资协议，因此获得开发区管委会的奖励 10 万元。

要求：针对上述第（1）至（6）项，逐项指出是否存在违反中国注册会计师职业道德守则有关职业道德和独立性规定的情况，并简要说明理由。将答案直接填入答题区相应的表格内。

事项序号	是否违反（违反/不违反）	理由
（1）		
（2）		
（3）		
（4）		
（5）		
（6）		

【答案】

事项序号	是否违反（违反/不违反）	理由
（1）	违反	A 注册会计师应当在有权处置时立即处置甲公司股票，否则将因自身利益对独立性产生严重的不利影响
（2）	违反	B 注册会计师在冷却期不应参与甲公司的审计业务，否则将因密切关系或自身利益对独立性产生严重的不利影响
（3）	违反	C 的妻子在甲公司审计业务期间/执行审计期间担任丙公司财务总监，将因自身利益、密切关系或外在压力对独立性产生严重的不利影响
（4）	不违反	D 不是甲公司审计项目组成员，其母亲与甲公司董事的合作不属于被禁止的商业关系
（5）	违反	丁公司共享服务中心承担甲公司的财务职能/所涉及的财务系统构成甲公司财务报告内部控制的重要组成部分/生成的信息对甲公司财务报表影响重大，为共享服务中心提供设计和实施服务将因自我评价对独立性产生严重的不利影响
（6）	违反	ABC 会计师事务所收取与甲公司有关的介绍费/收到的政府奖励实质构成介绍费，/可能对客观和公正原则/专业胜任能力和应有的关注原则产生严重的不利影响

ABC 会计师事务所委派 A 注册会计师担任上市公司甲公司 2015 年度财务报表审计项目合伙人，ABC 会计师事务所和 XYZ 公司处于同一网络，审计项目组在审计中遇到下列事项：

（1）甲公司于 2014 年 8 月首次公开发行股票并上市，A 注册会计师自 2010 年度起担任甲公司财务报表审计项目合伙人。

（2）2015 年 10 月，审计项目组就某重大会计问题咨询了事务所技术部的 B 注册会计师，B 注册会计师的妻子于 2015 年 6 月购买了甲公司的股票，于 2015 年 12 月卖出。

（3）审计项目组成员 C 曾任甲公司重要子公司的出纳，2014 年 10 月加入 ABC 会计师事务所，2015 年 9 月加入甲公司审计项目组，参与审计固定资产项目。

（4）A 注册会计师受邀参加了甲公司年度股东大会，全体参与人员均获得甲公司生产的移动硬盘作为礼品。

（5）甲公司聘请 XYZ 公司担任某合同纠纷的诉讼代理人，诉讼结果将对甲公司财务报表产生重大影响。

（6）甲公司购买的成本核算软件由 XYZ 公司和一家软件公司共同开发和推广，该软件公司不是 ABC 会计师事务所的审计客户或其关联实体。

要求：针对上述第（1）至（6）项，逐项指出是否存在违反中国注册会计师职业道德守则有关独立性规定的情况，并简要说明理由。将答案直接填入答题区相应的表格内。

事项序号	是否违反（违反/不违反）	理由
（1）		
（2）		
（3）		
（4）		
（5）		
（6）		

【答案】

事项序号	是否违反（违反/不违反）	理由
（1）	不违反	A 注册会计师在甲公司首次公开发行股票后/上市后担任关键审计合伙人的时间没有超过 2 年，不违反有关独立性的规定
（2）	违反	B 注册会计师属于审计项目组成员/B 注册会计师的咨询意见直接影响审计结果，其妻子在审计期间拥有直接经济利益，将因自身利益对独立性产生严重的不利影响
（3）	不违反	审计项目组成员 C 在财务报表涵盖期间之前加入事务所，且其在审计项目组中的工作，不涉及评价其就职于甲公司的子公司时所作的工作/出纳工作，因此，不会对独立性产生不利影响

续表

事项序号	是否违反（违反/不违反）	理由
(4)	违反	A注册会计师不得收受甲公司的任何礼品/收受甲公司礼品属于不当行为
(5)	违反	为审计客户担任诉讼代理人，且该纠纷所涉金额对被审计财务报表有重大影响，将因自我评价/过度推介对独立性产生严重不利影响
(6)	违反	ABC会计师事务所的网络所参与了甲公司重要财务系统的设计/参与设计的成本核算软件构成甲公司财务报表内部控制的重要组成部分/生成的信息对会计记录或被审计财务报表影响重大，将因自我评价对独立性产生严重的不利影响

2015 年

上市公司甲公司是 ABC 会计师事务所的常年审计客户。乙公司是非公众利益实体，于 2014 年 6 月被甲公司收购，成为甲公司重要的全资子公司。XYZ 公司和 ABC 会计师事务所处于同一网络。审计项目组在甲公司 2014 年度财务报表审计中遇到下列事项：

(1) A 注册会计师自 2012 年度起担任甲公司财务报表审计项目合伙人，其妻子在甲公司 2013 年年度报告公告后购买了甲公司股票 3000 股，在 2014 年度审计工作开始前卖出了这些股票。

(2) B 注册会计师自 2009 年度起担任乙公司财务报表审计项目合伙人，在乙公司被甲公司收购后，继续担任乙公司 2014 年度财务报表审计项目合伙人，并成为甲公司的关键审计合伙人。

(3) 在收购过程中，甲公司聘请 XYZ 公司对乙公司的各项资产和负债进行了评估，并根据评估结果确定了购买日乙公司可辨认净资产的公允价值。

(4) C 注册会计师曾是 ABC 会计师事务所的管理合伙人，于 2014 年 1 月退休后担任甲公司董事。

(5) 丙公司是甲公司新收购的海外子公司，为甲公司不重要的子公司。丙公司聘请 XYZ 公司将其按照国际财务报告准则编制的财务报表转化为按照中国企业会计准则编制的财务报表。

(6) 甲公司的子公司丁公司提供信息系统咨询服务，与 XYZ 公司组成联合服务团队，向目标客户推广营业税改增值税相关咨询和信息系统咨询一揽子服务。

要求：针对上述第(1)至(6)项，逐项指出是否可能存在违反中国注册会计师职业道德守则有关独立性规定的情况，并简要说明理由。将答案直接填入答题区相应的表格内。

事项序号	是否违反（违反/不违反）	理由
(1)		
(2)		
(3)		

续表

事项序号	是否违反（违反/不违反）	理由
（4）		
（5）		
（6）		

【答案】

事项序号	是否违反（违反/不违反）	理由
（1）	违反	因针对甲公司的审计业务具有连续性，2013 年度审计报告出具后至 2014 年度审计工作开始前期间仍属于业务期间，A 注册会计师的妻子在该期间持有甲公司的股票，因自身利益对独立性产生严重的不利影响
（2）	不违反	B 注册会计师在成为公众利益实体的关键审计合伙人后还可以继续服务两年
（3）	违反	该评估结果对甲公司合并财务报表影响重大，因自我评价对独立性产生严重的不利影响
（4）	违反	C 注册会计师作为高级合伙人在离职后十二个月内加入甲公司任董事，因外在压力对独立性产生严重的不利影响
（5）	违反	该服务不属于日常性和机械性的工作，将因自我评价对独立性产生严重的不利影响
（6）	违反	XYZ 公司和丁公司以双方的名义捆绑提供服务，因自身利益/外在压力对独立性产生严重的不利影响/上述关系属于守则禁止的商业关系

2014 年

上市公司甲公司系 ABC 会计师事务所的常年审计客户，从事房地产开发业务。XYZ 公司是 ABC 会计师事务所的网络事务所。在对甲公司 2013 年度财务报表执行审计的过程中存在下列事项：

（1）2013 年 10 月，甲公司收购了乙公司 25% 的股权，乙公司成为甲公司的重要联营公司。审计项目组经理 A 注册会计师在收购生效日前一周得知其妻子持有乙公司发行的价值 1 万元的企业债，承诺将在收购生效日后一个月内出售该债券。

（2）2013 年 12 月，审计项目组成员 B 注册会计师通过银行按揭，按照市场价格 500 万元购买了甲公司出售的公寓房一套。

（3）甲公司聘请 ABC 会计师事务所为其提供税务服务，服务内容为协助整理税务相关资料。ABC 会计师事务所委派审计项目组以外的人员提供该服务，不承担管理层职责。

（4）甲公司拟进军新的产业，聘请 XYZ 公司作为财务顾问，为其寻找、识别收购对象。双方约定服务费为 10 万元，该项收费对 ABC 会计师事务所不重大。

（5）甲公司内审部负责对所有子公司的内部控制进行评价。由于缺乏人手，甲公司聘请

XYZ 公司对其中 3 家子公司与财务报告相关的内部控制实施测试，并将结果汇报给甲公司内审部。该 3 家子公司对甲公司不重大。

（6）甲公司的子公司丁公司从事咨询业务。2013 年 2 月，丁公司与 XYZ 公司合资成立了一家咨询公司。

要求：针对上述第（1）至（6）项，逐项指出是否可能存在违反中国注册会计师职业道德守则有关独立性规定的情况，并简要说明理由。将答案直接填入答题区相应的表格内。

事项序号	是否可能违反（是/否）	理由
（1）		
（2）		
（3）		
（4）		
（5）		
（6）		

【答案】

事项序号	是否可能违反（是/否）	理由
（1）	是	收购日后乙公司成为甲公司的关联实体，A 注册会计师及其主要近亲属不得在乙公司拥有直接经济利益，应在收购生效日前处置该直接经济利益，得知持有该直接经济利益后立即处置该利益，否则将因自身利益对独立性产生严重的不利影响
（2）	是	该交易金额对 B 注册会计师而言较大，可能因自身利益对独立性产生不利影响
（3）	否	由审计项目组以外的人员提供该税务服务，且未承担管理层职责。一般不会对独立性产生不利影响
（4）	是	XYZ 公司为甲公司寻找、识别收购对象，可能承担管理层职责，将因自我评价/过度推介对独立性产生不利影响
（5）	是	该项服务属于内审服务，因其涉及与财务报告相关的内部控制，将因自我评价对独立性产生严重的不利影响
（6）	是	属于职业道德守则禁止的商业关系，将因自身利益/外在压力对独立性产生严重的不利影响

2013 年

甲银行是 A 股上市公司，系 ABC 会计师事务所的常年审计客户。XYZ 咨询公司是 ABC 会计师事务所的网络事务所。在对甲银行 2012 年度财务报表执行审计的过程中存在下列事项：

（1）A 注册会计师担任甲银行 2012 年度财务报表审计项目合伙人。其于 2012 年 10 月按正常商业条件在甲银行开立账户，并购买 10000 元甲银行公开发行的三个月期非保本浮动收益型人民币理财产品。该理财产品主要投资于各类债券基金。

（2）B 注册会计师曾担任甲银行 2011 年度财务报表审计项目经理，并签署该年度审计报告。B 注册会计师于 2012 年 4 月 30 日辞职，于 2012 年末加入甲银行下属某分行担任财务负责人。

（3）乙保险公司与甲银行均为丙公司的重要子公司。乙保险公司于 2012 年 2 月聘请 XYZ 咨询公司为其提供与财务会计系统相关的内部审计服务，并由乙保险公司承担管理层职责。乙保险公司及丙公司不是 ABC 会计师事务所的审计客户。

（4）XYZ 咨询公司的合伙人 C 的父亲持有甲银行少量股票。截至 2012 年 12 月 31 日，这些股票市值为 6000 元。合伙人 C 自 2011 年起为甲银行下属某分行提供企业所得税申报服务，但在服务过程中不承担管理层职责。

（5）甲银行持有上市公司丁公司 3% 的股份，对丁公司不具有重大影响。该投资对甲银行也不重大。甲银行 2012 年度审计项目经理 D 注册会计师于 2012 年 11 月购买 500 股丁公司股票。截至 2012 年 12 月 31 日，这些股票市值为 3000 元。

（6）甲银行于 2012 年初收购戊银行，为将两个银行的财务信息系统进行整合，聘请 XYZ 咨询公司重新设计财务信息系统。

要求：针对上述第（1）至（6）项，逐项指出是否存在违反中国注册会计师职业道德守则的情况，并简要说明理由。将答案直接填入答题区相应的表格内。

事项序号	是否存在违反职业道德守则的情况（是/否）	理由
（1）		
（2）		
（3）		
（4）		
（5）		
（6）		

【答案】

事项序号	是否存在违反职业道德守则的情况（是/否）	理由
（1）	否	A 注册会计师按正常商业条件在甲银行开立账户并购买甲银行的产品，且交易金额不大。该理财产品投资的各类债券基金也属于不重大的间接经济利益。因此，上述事项不会对独立性产生不利影响
（2）	是	作为甲银行 2011 年度审计报告签字注册会计师，B 注册会计师适用职业道德守则对项目合伙人/审计关键合伙人的规定。其离职加入甲银行下属分行担任财务负责人的时间，早于甲银行发布 2012 已审财务报表之日，尚在"冷却期"内，因此将因密切关系或外在压力对独立性产生严重的不利影响

续表

事项序号	是否存在违反职业道德守则的情况（是/否）	理由
（3）	否	乙保险公司是甲银行的关联实体（即"姐妹实体"），但因其不是 ABC 会计师事务所的审计客户，且 XYZ 咨询公司为其提供内部审计服务结果不会构成 ABC 会计师事务所对甲银行实施审计程序的对象，因此不会因自我评价产生不利影响。鉴于由乙保险公司承担管理层职责，因此该服务也不存在其他对独立性的不利影响
（4）	是	为甲银行的关联实体提供非审计服务的合伙人 C 及其主要近亲属不得在甲银行中拥有任何直接经济利益，否则将因自身利益对独立性产生严重的不利影响
（5）	否	虽然 D 注册会计师与甲银行均拥有丁公司的股票，但因其持有的经济利益并不重大，且甲银行不能时丁公司施加重大影响，上述投资不被视为损害独立性
（6）	是	重新设计后的财务信息系统所生成的信息对会计记录或被审计财务报表影响重大，因此，XYZ 咨询公司不能为甲银行重新设计财务信息系统，否则将因自我评价对独立性产生严重的不利影响

2019年
预测题

预测

上市公司甲公司系 ABC 会计师事务所的常年审计客户。2018 年 4 月 1 日，ABC 会计师事务所与甲公司续签了 2018 年度财务报表审计业务约定书。XYZ 会计师事务所和 ABC 会计师事务所使用同一品牌，共享重要专业资源。ABC 会计师事务所遇到下列与职业道德有关的事项：

（1）ABC 会计师事务所委派 A 注册会计师担任甲公司 2018 年度财务报表审计项目合伙人。A 注册会计师曾担任甲公司 2012 年度至 2016 年度财务报表审计项目合伙人，但未担任甲公司 2017 年度财务报表审计项目合伙人。

（2）2018 年 9 月 15 日，甲公司收购了乙公司 80% 的股权。乙公司成为其控股子公司。A 注册会计师自 2017 年 1 月 1 日起担任乙公司的独立董事，任期 5 年。

（3）B 注册会计师系 ABC 会计师事务所的合伙人，与 A 注册会计师同处一个业务部门。2018 年 3 月 1 日，B 注册会计师购买了甲公司股票 5000 股，每股 10 元，由于尚未出售该股票，ABC 会计师事务所未委派 B 注册会计师担任甲公司审计项目组成员。

（4）丙公司系甲公司的母公司，甲公司审计项目组成员 C 的妻子在丙公司担任财务总监。

（5）甲公司审计项目组成员 D 曾在甲公司人力资源部负责员工培训工作，于 2018 年 2 月 10 日离开甲公司加入 ABC 会计师事务所。

（6）2018 年 2 月 25 日，XYZ 会计师事务所接受甲公司委托，提供内部控制设计服务。

要求：针对上述（1）至（6）项，逐项指出 ABC 会计师事务所及其人员是否违反中国注册会计师职业道德守则，并简要说明理由。

【答案】

（1）违反。A注册会计师连续五年担任甲公司审计项目合伙人，虽然被轮换，但其轮换期间未满两年。

（2）违反。A注册会计师在财务报表涵盖期间担任审计客户关联公司的独立董事，将因自我评价和自身利益产生非常严重的不利影响。

（3）违反。B注册会计师为与A注册会计师同处一个业务部门的合伙人，其不得在A注册会计师的审计客户中拥有直接经济利益。

（4）违反。项目组成员C的妻子在审计客户的关联公司中担任高级管理人员，将因自身利益、密切关系或外在压力对独立性产生严重的不利影响。

（5）不违反。项目组成员D在财务报表涵盖期间曾在审计客户工作，但负责员工培训工作，不对甲公司财务状况、经营成果和现金流量产生重大影响。

（6）违反。XYZ会计师事务所与ABC会计师事务所构成网络，且提供内部控制设计服务涉及承担管理层职责，将因自我评价对独立性产生严重的不利影响。

专题二 质量控制

考点梳理

押题点 质量控制制度六大要素

一、对业务质量承担领导责任

主任会计师对质量控制制度承担最终责任。以质量为导向，避免重商业利益而轻业务质量。

二、相关职业道德要求

（1）会计师事务所应当每年至少一次向所有需要按照相关职业道德要求保持独立性的人员获取其遵守独立性政策和程序的书面确认函。

【提示1】当有其他会计师事务所参与执行部分业务时，会计师事务所也可以考虑向其获取有关独立性的书面确认函。

【提示2】书面确认函既可以是纸质的，也可以是电子形式的。

（2）对所有上市实体财务报表审计业务，定期轮换关键审计合伙人。

【提示】上市实体不仅包括上市公司，还包括公开发行债券的企业。

三、客户关系和具体业务的接受与保持

注册会计师应当了解客户的诚信，拒绝不诚信的客户，以降低业务风险。此外，会计师事务所在接受新业务前，还必须评价自身的执业能力，确定是否具有接受新业务所需的必要素质、专业胜任能力、时间和资源，不得承接不能胜任和无法完成的业务。

四、人力资源

项目合伙人的委派要求：会计师事务所应当对每项业务委派至少一名项目合伙人。

五、业务执行

1. 指导、监督与复核

复核范围可能随业务的不同而不同。

由项目组内经验较多的人员复核经验较少的人员执行的工作。

2. 咨询

（1）项目组在向会计师事务所内部或外部的其他专业人士咨询时，应当提供所有相关事实，以使其能够对咨询的事项提出有见地的意见；

（2）注册会计师应当完整详细地记录咨询情况，包括记录寻求咨询的事项，以及咨询的结果，包括做出的决策、决策依据以及决策的执行情况。

3. 意见分歧

只有意见分歧问题得到解决，项目合伙人才能出具报告。

4. 质量控制复核

对应当实施项目质量控制复核的特定业务，如没有完成项目质量控制复核，就不得出具报告。

项目质量控制复核并不减轻项目合伙人的责任，更不能替代项目合伙人的责任。

（1）质量控制复核对象的确定

①对所有上市实体财务报表审计实施项目质量控制复核；

②明确标准，据此评价上市实体财务报表审计以外的历史财务信息审计和审阅、其他鉴证业务及相关服务业务，以确定是否应当实施项目质量控制复核；

③对符合适当标准的所有业务实施项目质量控制复核。

（2）项目质量控制复核人员的资格标准

①客观性

在执行审计过程中，项目合伙人可以向项目质量控制复核人员咨询，但应当注意咨询所涉及问题的性质和范围。如果项目质量控制复核人员不能保持客观性，会计师事务所需要委派内部其他人员或具有适当资格的外部人员，担任项目质量控制复核人员或为该项审计业务提供咨询。

②权威性

项目质量控制复核人员履行职责，不应受到项目合伙人职级的影响。

六、监控

（1）周期性地选取已完成的业务进行检查，周期最长不得超过三年；

（2）在每个周期内，对每个项目合伙人，至少检查一项已完成的业务。

【提示】请关注《质量控制准则第5101号——会计师事务所对执行财务报表审计和审阅、其他鉴证和相关服务业务实施的质量控制》，同时结合历年真题掌握相关考点。

历年真题

2018年

ABC会计师事务所的质量控制制度部分内容摘录如下：

(1)在业务质量及职业道德考核成绩为优秀的前提下，连续两年业务收入排名靠前的高级经理可晋升合伙人。

(2)审计部员工须每年签署其遵守事务所独立性政策和程序的书面确认函，其他部门员工须每三年签署一次该书面确认函。

(3)对上市实体财务报表审计业务应实施项目质量控制复核，其他业务是否实施项目质量控制复核由各业务部门的主管合伙人决定。

(4)审计项目组成员应当在执行业务时遵守事务所质量控制政策和程序。参与审计项目的实习生和事务所外部专家不受上述规定的限制。

(5)历史财务信息审计和审阅业务的工作底稿应在业务报告日后60日内归档，除此之外的其他业务工作底稿应在业务报告日后90日内归档。

要求：针对上述第(1)至(5)项，逐项指出ABC会计师事务所的质量控制制度的内容是否恰当。如不恰当，简要说明理由。

【答案】

(1)恰当。

(2)不恰当。针对其他部门参与审计业务的人员/需要按照职业道德要求保持独立性的人员，会计师事务所也须每年至少一次获得这些人员遵守独立性政策和程序的书面确认函。

(3)不恰当。针对上市实体财务报表审计以外的其他业务，应根据会计师事务所制定的明确标准确定是否应当实施项目质量控制复核/不应由各业务部主管合伙人自行决定。

(4)不恰当。参加审计项目的实习生属于项目组成员，应在提供服务期间遵守会计师事务所质量控制政策和程序。

(5)不恰当。所有鉴证业务的工作底稿的归档期为业务报告日后60日内。

2017年

ABC会计师事务所的质量控制制度部分内容摘录如下：

(1)质量控制部负责会计师事务所质量控制制度的设计和监控，其部门主管合伙人对质量控制制度承担最终责任。

(2)所有公众利益实体的财务报表审计业务和评价为高风险的业务均需实施项目质量控制复核。

(3)每六年为一个周期，对每个项目合伙人已完成的业务至少选取两项进行检查。

(4)在所披露的信息不损害执行业务的有效性和会计师事务所及其人员的独立性的前提下，经项目合伙人批准，项目组可以向客户提供业务工作底稿的部分内容。

(5)项目合伙人对会计师事务所分派的业务的总体质量负责。如项目合伙人和项目质量控制复核人存在意见分歧，以项目合伙人的意见为准。

要求：针对上述第(1)至(5)项，逐项指出ABC会计师事务所的质量控制制度的内容是否恰当。如不恰当，简要说明理由。

【答案】

(1)不恰当。应由会计师事务所的主任会计师/首席合伙人对质量控制制度承担最终责任。

(2)恰当。

(3)不恰当。至少每三年对每个项目合伙人检查一项已完成的业务。

(4)恰当。

(5)不恰当。意见分歧没有解决。

2016 年

ABC 会计师事务所的质量控制制度部分内容摘录如下：

(1)合伙人考核的主要指标依次为业务收入指标的完成情况、参与事务所管理的程序、职业道德遵循情况及业务质量评价结果。

(2)事务所所有员工必须每年签署其遵守相关职业道德要求的书面确认函，对参与业务的事务所外部专家或其他会计师事务所的注册会计师，由项目组自行决定是否向其获取有关独立性的书面确认函。

(3)在执行业务的过程中遇到难以解决的重大问题时，由项目合伙人和项目质量控制复核人共同决定是否需要调整工作程序以及如何调整，由项目合伙人执行调整后的业务计划。

(4)事务所质量控制部门每三年进行一次业务检查，每项检查选取每位合伙人已完成的一个项目。

(5)所有项目组应当在每年 4 月 30 日之前将上一年度的业务约定书交给事务所行政管理部门集中保存。

(6)事务所应当自业务报告日起，对鉴证业务工作底稿至少保存 12 年。

要求：针对上述第(1)至(6)项，逐项指出 ABC 会计师事务所的质量控制制度的内容是否恰当。如不恰当，简要说明理由。

【答案】

(1)不恰当。会计师事务所应建立以质量为导向的业绩评价政策/应将业务质量放在第一位。

(2)恰当。

(3)不恰当。应由项目合伙人决定是否需要调整工作程序及如何调整/项目质量控制复核人不应参与决策，否则影响其客观性。

(4)恰当。

(5)不恰当。业务约定书应当纳入业务工作底稿。

(6)恰当。

2015 年

ABC 会计师事务所通过招投标程序，首次接受委托审计甲银行 2014 年度财务报表，委派 A 注册会计师担任审计项目合伙人，B 注册会计师担任项目质量控制复核合伙人。相关事项如下：

(1)中标后，经甲银行同意，A 注册会计师立即与前任注册会计师进行了沟通，内容包括：①前任注册会计师认为甲银行更换会计师事务所的原因；②其是否发现甲银行管理层存在诚信问题；③其与甲银行管理层在重大会计和审计等问题上是否存在意见分歧；④其向甲银行治理层通报的管理层舞弊、违反法律法规行为以及值得关注的内部控制缺陷。

（2）B注册会计师在信息技术审计方面经验丰富，A注册会计师安排其负责与甲银行信息系统审计相关的工作。

（3）审计项目组部分成员首次参与银行审计项目。A注册会计师向这些成员提供了其他银行审计项目的工作底稿作参考。

（4）A注册会计师就特别风险的评估、集团审计策略以及重要性的确定向B注册会计师进行了咨询。

（5）A注册会计师就一项重大会计问题咨询了ABC会计师事务所技术部的C注册会计师。之后，甲银行管理层进一步提供了与该问题相关的资料。A注册会计师认为这些资料不改变原咨询结论，未再与C注册会计师讨论。

（6）A注册会计师负责招聘了5位实习生参与甲银行审计项目，并通知ABC会计师事务所人事部办理了实习生登记手续。

要求：针对上述第（1）至第（6）项，逐项指出A注册会计师的做法是否恰当。如不恰当，简要说明理由。

【答案】

（1）恰当。

（2）不恰当。A注册会计师不应要求项目质量控制复核合伙人参与审计业务，否则影响其客观性。

（3）不恰当。A注册会计师未经授权将其他银行审计工作底稿发给甲公司审计项目组成员，违反了保密规定。

（4）不恰当。A注册会计师不应向项目质量控制复核合伙人进行性质和范围十分重大的咨询，否则影响其客观性。

（5）不恰当。A注册会计师在咨询过程中应当充分提供相关事实。

（6）不恰当。审计项目组实习生的招聘应由会计师事务所人事部门负责。

2014年

2013年1月，DEF会计师事务所与XYZ会计师事务所合并成立ABC会计师事务所，相关事项如下：

（1）ABC会计师事务所以"强强联手，服务最优"为主题在多家媒体刊登广告，宣传两家会计师事务所的合并事宜。

（2）ABC会计师事务所提出了扩大鉴证业务市场份额的目标，要求合伙人及经理级别以上的员工在确保业务质量的前提下，每年完成一定金额的新鉴证业务收入指标，并纳入业绩评价范围。

（3）ABC会计师事务所规定，所有上市公司财务报表审计项目应当实施项目质量控制复核，其他项目根据相关标准判断是否需要实施项目质量控制复核。

（4）ABC会计师事务所规定，对鉴证业务的工作底稿从业务报告日起至少保存十年；如果组成部分业务报告日与集团业务报告日不同，从各自的业务报告日起至少保存十年。

（5）原 DEF、XYZ 两家会计师事务所的质量控制制度存在差异。ABC 会计师事务所拟逐步进行整合，确保两年后建立统一的质量控制制度。

（6）ABC 会计师事务所设立了不当行为举报热线，并制定了有关调查和处理举报事项的政策和程序。对所有举报事项的调查和处理过程均需执行监督，该项工作由具有适当经验和权限的业务部门的 A 合伙人兼任。

要求：针对上述第（1）至（6）项，逐项指出 ABC 会计师事务所的做法是否恰当。如不恰当，简要说明理由。将答案直接填入答题区相应的表格内。

事项序号	是否恰当（是/否）	理由
（1）		
（2）		
（3）		
（4）		
（5）		
（6）		

【答案】

事项序号	是否恰当（是/否）	理由
（1）	否	"强强联手，服务最优"夸大宣传了会计师事务所提供的服务/无根据地比较其他注册会计师的工作/违反职业道德守则中有关专业服务营销的要求
（2）	是	
（3）	否	会计师事务所应对上市实体财务报表审计实施项目质量控制复核/上市实体比上市公司的范围大
（4）	否	如果组成部分业务报告日早于集团业务报告日，应当自集团业务报告日起对组成部分业务工作底稿至少保存十年
（5）	否	两年内 ABC 会计师事务所没有使用统一的质量控制制度不符合质量控制准则的规定。会计师事务所应当制定统一的质量控制制度
（6）	否	投诉或指控所涉项目可能是 A 合伙人负责的项目，由其执行监督不具有客观性

2013 年

甲公司拟申请首次公开发行股票并上市，ABC 会计师事务所负责审计甲公司 2010 年度至 2012 年度的比较财务报表，委派 A 注册会计师担任项目合伙人，B 注册会计师担任项目质量控制复核合伙人。相关事项如下：

（1）审计业务约定书约定，审计费用为 200 万元，甲公司应当在 ABC 会计师事务所出具审计报告后 10 日内支付 70% 审计费用，成功上市后 10 日内支付其余 30% 审计费用。

（2）根据 ABC 会计师事务所质量控制制度的规定，B 注册会计师对该项审计业务的总体质量负责。B 注册会计师在审计报告日前通过实施下列程序完成了项目质量控制复核：1）与项目合伙人讨论重大事项；2）复核财务报表和拟出具的审计报告；3）评价在编制审计报告时得出的结论，并考虑拟出具审计报告的恰当性。

（3）B 注册会计师在审计工作底稿中就其执行的项目质量控制复核作出以下记录：1）会计师事务所项目质量控制复核政策要求的程序均已实施；2）没有发现任何尚未解决的事项，使其认为审计项目组做出的重大判断和得出的结论不适当；3）项目质量控制复核在审计报告日之前已完成。

（4）A 注册会计师由于事务繁忙，委托 B 注册会计师代为复核甲公司下属重要子公司乙公司的审计工作底稿。

（5）A 注册会计师拟利用会计师事务所聘请的外部信息技术专家，对甲公司的信息系统进行测试。该信息技术专家不是项目组成员，不受 ABC 会计师事务所质量控制政策和程序的约束。

（6）A 注册会计师就一项疑难会计问题同时咨询会计师事务所的技术部门和外部专家，得到的咨询意见存在分歧。A 注册会计师决定采纳外部专家的意见，审计工作底稿中仅记录向外部专家咨询的情况。

要求：针对上述第（1）至（6）项，逐项指出 ABC 会计师事务所或其注册会计师的做法是否恰当。如不恰当，简要说明理由。

【答案】

（1）不恰当。付款安排表明 30% 审计费用实质是或有收费。

（2）不恰当。该项业务的质量应当由项目合伙人（A 注册会计师）负责。B 注册会计师执行项目质量控制复核时还应当：复核选取的与项目组作出的重大判断和得出的结论相关的审计工作底稿。

（3）恰当。

（4）不恰当。项目质量控制复核人员应当保持客观性，在复核期间不以其他方式参与该业务。

（5）恰当。

（6）不恰当。审计项目组应当完整详细地记录咨询情况，包括向技术部门咨询的情况。审计项目组与技术部门之间存在意见分歧，应当予以解决。

2019年 预测题

预测

ABC 会计师事务所是一家新设立的会计师事务所，其质量控制制度部分内容摘录如下：

（1）合伙人考核和晋升制度规定，连续三年业务收入额排名前三位的高级经理晋级为合伙人，连续三年业务收入额排名后三位的合伙人降级为高级经理。

（2）执行项目质量控制复核的范围为上市公司审计项目中被评估为高风险的审计项目。

（3）如果项目组成员与项目质量控制符合人员发生意见分歧，应当通过向技术部进行书面咨询，或与会计师事务所负责风险控制的合伙人进行讨论等方式予以解决。在分歧尚未解决前，不得出具审计报告。

（4）内部业务检查制度规定，以每三年为一个周期，选取已完成业务进行检查。如果事务所当年接受相关部门的外部检查，则当年暂停对所有业务的内部检查。

（5）分所管理制度规定，分所可以根据自身的实际情况，自行制定业务质量控制制度。

（6）项目组应当自鉴证业务报告日起六十日内将业务工作底稿归档。归档后，项目组需要删除或增加业务工作底稿，须经主任会计师批准。

要求：针对上述第（1）至（6）项，逐项指出 ABC 会计师事务所业务质量控制制度是否恰当。如不恰当，简要说明理由。

【答案】

（1）不恰当。根据质量控制准则的规定，会计师事务所应当建立以质量为导向的业绩评价、薪酬及晋升的政策和程序。

（2）不恰当。所有上市公司审计项目均应执行质量控制复核。

（3）恰当。

（4）不恰当。根据质量控制准则的规定，在确定检查的范围时，会计师事务所可以考虑外部独立检查的范围或结论，但这些检查并不能替代内部业务检查。

（5）不恰当。根据质量控制准则的规定，会计师事务所应当制定统一的质量控制制度。

（6）不恰当。归档后，可以增加和修改，但不能删除或废弃审计工作底稿。

专题 三　审计报告

考点梳理

判断审计报告的意见类型、何时增加关键审计事项段、强调事项段、其他事项段、与持续经营相关的重大不确定性的单独事项段是简答题的常考知识点。

押题点 ① 审计报告的意见类型

不同类型的审计意见及判断依据，见表4：

表 4　不同类型的审计意见及判断依据

情形	意见类型	判断意见类型的依据
1	保留意见	（1）错报单独或汇总起来对财务报表影响重大，但不具有广泛性； （2）审计范围受到限制，影响重大，但不具有广泛性
2	否定意见	错报单独或汇总起来对财务报表的影响重大且具有广泛性
3	无法表示意见	审计范围受到限制，影响重大且具有广泛性

【提示】对同一审计报告的"意见统一性"的要求

如果认为有必要对财务报表整体发表否定意见或无法表示意见，注册会计师不应在同一审计报告中对按照相同财务报告编制基础编制的单一财务报表或者财务报表特定要素、账户或项目发表无保留意见。

押题点 ② 在审计报告中沟通关键审计事项

(1)"最为重要的事项"并不意味着只有一项。

(2)需要在审计报告中包含的关键审计事项的数量可能受被审计单位规模和复杂程度、业务和经营环境的性质，以及审计业务具体事实和情况的影响。

(3)导致非保留意见的事项、可能导致对被审计单位持续经营能力产生重大疑虑的事项或情况存在重大不确定性等，虽然符合关键审计事项的定义，但这些事项在审计报告中专门的部分披露，不在关键审计事项部分披露。

(4)在关键审计事项部分披露的关键审计事项必须是已经得到满意解决的事项，即不存在审计范围受到限制，也不存在注册会计师与被审计单位管理层意见分歧的情况。

(5)注册会计师不对关键审计事项单独发表意见。

(6)注册会计师应就下列方面与治理层沟通：①注册会计师确定的关键审计事项；②根据被审计单位和审计业务的具体情况，注册会计师确定不存在需要在审计报告中沟通的关键审计事项(如适用)。

押题点 ③ 增加强调事项段的情形

(1)法律法规规定的财务报告编制基础不可接受，但其是由法律或法规作出的规定。

(2)提醒财务报表使用者注意财务报表按照特殊目的编制基础编制。

(3)注册会计师在审计报告日后知悉了某些事实(即期后事项)，并且出具了新的审计报告或修改了审计报告。

除上述审计准则要求增加强调事项的情形外，注册会计师可能认为需要增加强调事项段的情形举例如下：

(1)异常诉讼或监管行动的未来结果存在不确定性。

(2)提前应用(在允许的情况下)对财务报表有广泛影响的新会计准则。

(3)存在已经或持续对被审计单位财务状况产生重大影响的特大灾难。

(4)运用持续经营假设不适当，但管理层被要求或自愿选择替代基础编制财务报表，并对此作出了充分披露，注册会计师可以发表无保留意见，但可以增加强调事项段。

(5)针对第二时段期后事项，如果管理层的修改仅限于反映导致修改的期后事项的影响，董事会、管理层或类似机构也仅对有关修改进行批准，注册会计师可以仅针对有关修改将用以识别期后事项的第一时段的审计程序延伸至新的审计报告日。在这种情况下，注册会计师可以出具新的或经修改的审计报告，在强调事项段或其他事项段中说明注册会计师对期后事项实施的审计程序仅限于财务报表相关附注所述的修改。

(6)针对第三时段期后事项，如果管理层修改财务报表，注册会计师应在修改或重新提交的审计报告中增加强调事项段或其他事项段，提醒财务报表使用者关注修改原财务报表的原因和注册会计师提供的原审计报告。

（7）上期财务报表存在重大错报时，若对应数据已在本期财务报表中得到适当重述或恰当披露，注册会计师可以在审计报告中增加强调事项段，以描述这一情况，并提及详细描述该事项的相关披露在财务报表中的位置。

押题点 ④ 增加其他事项段的情形

（1）与使用者理解审计工作相关的情形。

（2）与使用者理解注册会计师的责任或审计报告相关的情形。

（3）对两套以上财务报表出具审计报告的情形。

（4）限制审计报告分发和使用的情形。

（5）针对第二时段期后事项，如果管理层的修改仅限于反映导致修改的期后事项的影响，董事会、管理层或类似机构也仅对有关修改进行批准，注册会计师可以仅针对有关修改将用以识别期后事项的第一时段的审计程序延伸至新的审计报告日。在这种情况下，注册会计师可以出具新的或经修改的审计报告，在强调事项段或其他事项段中说明注册会计师对期后事项实施的审计程序仅限于财务报表相关附注所述的修改。

（6）针对第三时段期后事项，如果管理层修改财务报表，注册会计师应在修改或重新提交的审计报告中增加强调事项段或其他事项段，提醒财务报表使用者关注修改原财务报表的原因和注册会计师提供的原审计报告。

（7）如果上期财务报表已由前任注册会计师审计，注册会计师在审计报告中可以提及前任注册会计师的审计报告，并应在其他事项段中说明。

（8）如果上期财务报表未经审计，注册会计师应当在审计报告的其他事项段中予以说明。

（9）如果认为存在影响上期财务报表的重大错报，而前任注册会计师以前出具了无保留意见的审计报告，前任注册会计师可能无法或不愿对上期财务报表重新出具审计报告。注册会计师可以在审计报告中增加其他事项段，指出前任注册会计师对更正前的上期财务报表出具了报告。

（10）当因本期审计而对上期财务报表发表审计意见时，如果对上期财务报表发表的意见与以前发表的意见不同，注册会计师应当在其他事项段中披露导致不同意见的实质性原因。

（11）如果对被审计单位的比较财务报表进行审计，若上期财务报表已由前任注册会计师审计，除非前任注册会计师对上期财务报表出具的审计报告与财务报表一同对外提供，注册会计师除对本期财务报表发表意见外，还应当增加其他事项段。

押题点 ⑤ 对持续经营的考虑

1. 持续经营假设适当，但存在重大不确定性

（1）通常情况下，充分披露时：

出具无保留意见并增加以"与持续经营相关的重大不确定性"为标题的单独部分。

（2）在极少数情况下，当存在多项对财务报表整体具有重要影响的重大不确定性时：

注册会计师可能认为发表无法表示意见而非增加以"与持续经营相关的重大不确定性"为

标题的单独部分是适当的。

（3）如果财务报表未作出充分披露：

注册会计师应当发表保留意见或否定意见。

2. 运用持续经营假设不适当

（1）无论是否充分披露，注册会计师均应发表否定意见。

（2）当采用替代基础编制财务报表，且充分披露时：

注册会计师可以发表无保留意见，但也可能认为在审计报告中增加强调事项段是适当或必要的，以提醒财务报表使用者注意替代基础及其使用理由。

历 年 真 题

2018 年

ABC 会计师事务所的 A 注册会计师负责审计多家上市公司 2017 年度财务报表，遇到下列与审计报告相关的事项：

（1）甲公司管理层在 2017 年度财务报表中确认和披露了年内收购乙公司的交易。A 注册会计师将其作为审计中最为重要的事项与治理层进行了沟通，拟在审计报告的关键审计事项部分沟通该事项。同时，因该事项对财务报表使用者理解财务报表至关重要，A 注册会计师拟在审计报告中增加强调事项段予以说明。

（2）A 注册会计师无法就丙公司年末与重大诉讼相关的预计负债获取充分、适当的审计证据，拟对财务报表发表保留意见。A 注册会计师在审计报告日前取得并阅读了丙公司 2017 年年度报告，未发现其他信息与财务报表有重大不一致或存在重大错报，拟在保留意见审计报告的其他信息部分说明无任何需要报告的事项。

（3）XYZ 会计师事务所担任丁公司海外重要子公司的组成部分注册会计师。A 注册会计师认为该事项与财务报表使用者理解审计工作相关，拟在对丁公司 2017 年度财务报表出具的无保留意见审计报告中增加其他事项段，说明该子公司经 XYZ 会计师事务所审计。

（4）因原董事长以公司名义违规对外提供多项担保，导致戊公司 2017 年发生多起重大诉讼，多个银行账户被冻结，业务停止，主要客户和员工流失。管理层在 2017 年度财务报表中确认了大额预计负债，并披露了持续经营存在的重大不确定性。A 注册会计师认为存在多项对财务报表整体具有重要影响的重大不确定性，拟对戊公司财务报表发表无法表示意见。

（5）己公司的某重要子公司因环保问题被监管部门调查并停业整顿。A 注册会计师将该事项识别为关键审计事项。因己公司管理层未在财务报表附注中披露该子公司停业整顿的具体原因，A 注册会计师拟在审计报告的关键审计事项部分进行补充说明。

要求：针对上述第（1）至（5）项，逐项指出 A 注册会计师的做法是否恰当。如不恰当，简要说明理由。

【答案】

（1）不恰当。注册会计师已经在关键审计事项部分沟通该事项，不应增加强调事项段/该事项同时符合关键审计事项和强调事项的标准，应仅作为关键审计事项。

（2）不恰当。注册会计师需要考虑导致保留意见的事项对其他信息的影响/注册会计师需要在其他信息部分说明无法判断与导致保留意见的事项相关的其他信息是否存在重大错报。

（3）不恰当。注册会计师对集团财务报表出具的审计报告不应提及组成部分注册会计师，除非法律法规另有规定。

（4）恰当。

（5）不恰当。注册会计师不应在关键审计事项部分描述被审计单位的原始信息/关键审计事项不能替代管理层的披露/应要求管理层作出补充披露。

2017年

ABC会计师事务所的A注册会计师负责审计多家上市公司2016年度财务报表，遇到下列与审计报告相关的事项：

（1）A注册会计师对甲公司关联方关系及交易实施审计程序并与治理层沟通后，对是否存在未在财务报表中披露的关联方关系及交易仍存有疑虑，拟将其作为关键审计事项在审计报告中沟通。

（2）A注册会计师在乙公司审计报告日后获取并阅读了乙公司2016年年度报告的最终版本，发现其他信息存在重大错报，与管理层和治理层沟通后，该错报未得到更正。A注册会计师拟重新出具审计报告，指出其他信息存在的重大错报。

（3）ABC会计师事务所首次接受委托，审计丙公司2016年度财务报表。A注册会计师拟在审计报告中增加其他事项段，说明上期财务报表由前任注册会计师审计及其出具的审计报告的日期。

（4）丁公司2016年发生重大经营亏损。A注册会计师实施审计程序并与治理层沟通后，认为可能导致对持续经营能力产生重大疑虑的事项或情况不存在重大不确定性。因在审计工作中对该事项进行过重点关注，A注册会计师拟将其作为关键审计事项在审计报告中沟通。

（5）戊公司管理层在2016年度财务报表附注中披露了2017年1月发生的一项重大收购。A注册会计师认为该事项对财务报表使用者理解财务报表至关重要，拟在审计报告中增加其他事项段予以说明。

（6）A注册会计师认为，己公司财务报表附注中未披露其对外提供的多项担保，构成重大错报，因拟就己公司持续经营问题对财务报表发表无法表示意见，不再在审计报告中说明披露错报。

要求：针对上述第（1）至（6）项，逐项指出A注册会计师的做法是否恰当。如不恰当，简要说明理由。

【答案】

（1）不恰当。关键审计事项必须是已经得到满意解决的事项/关键审计事项不能替代非无保留意见/应发表非无保留意见。

（2）恰当。

（3）不恰当。不恰当。应当说明前任注册会计师发表的审计意见类型。

（4）恰当。

（5）不恰当。应当增加强调事项段/其他事项段用于提及未在财务报表中列报或披露的事项/其他事项段与财务报表使用者理解审计工作、注册会计师的责任或审计报告相关。

（6）不恰当。应当在形成无法表示意见的基础部分说明存在的披露错报。

2015 年

ABC 会计师事务所的 A 注册会计师担任多家被审计单位 2014 年度财务报表审计的项目合伙人，遇到下列导致出具非标准审计报告的事项：

（1）甲公司 2014 年初开始使用新的 ERP 系统，因系统缺陷导致 2014 年度成本核算混乱，审计项目组无法对营业成本、存货等项目实施审计程序。

（2）2014 年，因采用新发布的企业会计准则，乙公司对以前年度投资形成的部分长期股权投资改按公允价值计量，并确认了大额公允价值变动收益，未对比较数据进行追溯调整。

（3）因丙公司严重亏损，董事会拟于 2015 年对其进行清算。管理层运用持续经营假设编制了 2014 年度财务报表，并在财务报表附注中充分披露了清算计划。

（4）丁公司是金融机构，在风险管理中运用大量复杂金融工具。因风险管理负责人离职，人事部暂未招聘到合适的人员，管理层未能在财务报表附注中披露与金融工具相关的风险。

（5）戊公司 2013 年度财务报表未经审计。管理层将一项应当在 2014 年度确认的大额长期资产减值损失作为前期差错，重述了比较数据。

要求：针对上述第（1）至第（5）项，逐项指出 A 注册会计师应当出具何种类型的非标准审计报告，并简要说明理由。

【答案】

（1）保留意见/无法表示意见审计报告。无法获取充分、适当的审计证据，对财务报表影响重大/重大而广泛。

（2）保留意见审计报告。比较数据存在重大错报但不广泛，当期数据存在重大错报但不广泛。

（3）否定意见审计报告。被审计单位运用持续经营假设不适当。

（4）保留意见审计报告。存在影响重大但不具有广泛性的披露错报。

（5）带其他事项段的保留意见审计报告。应当在其他事项段中说明对应数据未经审计，且存在影响重大但不广泛的错报。

2014 年

ABC 会计师事务所的 A 注册会计师担任多家被审计单位 2013 年度财务报表审计的项目合伙人，遇到下列导致出具非标准审计报告的事项：

（1）甲公司为 ABC 会计师事务所 2013 年度承接的新客户。前任注册会计师由于未就 2011 年 12 月 31 日存货余额获取充分、适当的审计证据，对甲公司 2012 年度财务报表发表了保留意见。审计项目组认为，导致保留意见的事项对本期数据本身没有影响。

（2）2013 年 10 月，上市公司乙公司因涉嫌信息披露违规被证券监管机构立案稽查。截至审计报告日，尚无稽查结论。管理层在财务报表附注中披露了上述事项。

（3）丙公司管理层对固定资产实施减值测试，按照未来现金流量现值与固定资产账面净

值的差额确认了重大减值损失。管理层无法提供相关信息以支持现金流量预测中假设的未来
5 年营业收入，审计项目组也无法作出估计。

（4）2014 年 2 月，丁公司由于生产活动产生严重污染，被当地政府部门责令无限期停业
整改。截至审计报告日，管理层的整改计划尚待董事会批准。管理层按照持续经营假设编制
了 2013 年度财务报表，并在财务报表附注中披露了上述情况。审计项目组认为管理层运用持
续经营假设符合丁公司的具体情况。

（5）戊公司于 2013 年 9 月起停止经营活动，董事会拟于 2014 年内清算戊公司。2013 年
12 月 31 日，戊公司账面资产余额主要为货币资金、其他应收款以及办公家具等固定资产，
账面负债余额主要为其他应付款和应付工资。管理层认为，如采用持续经营编制基础，对上
述资产和负债的计量并无重大影响，因此，仍以持续经营假设编制 2013 年度财务报表，并在
财务报表附注中披露了清算计划。

（6）2013 年 1 月 1 日，己公司通过收购取得子公司庚公司。由于庚公司账目混乱，己公
司管理层决定在编制 2013 年度合并财务报表时不将其纳入合并范围。庚公司 2013 年度的营
业收入和税前利润约占己公司未审合并财务报表相应项目的 30%。

要求：针对上述第（1）至（6）项，假定不考虑其他条件，逐项指出 A 注册会计师应当出
具何种类型的非标准审计报告，并简要说明理由。

[答案]

（1）保留意见审计报告。2012 年度审计报告中导致保留意见的事项对本期数据和对应数
据的可比性仍有影响。

（2）带强调事项段的无保留意见审计报告。证券监管机构的稽查结果存在不确定性。

（3）保留意见/无法表示意见审计报告。无法获取充分、适当的审计证据/审计范围受到
限制。

（4）出具无保留意见并增加以"与持续经营相关的重大不确定性"为标题的单独部分。导
致对持续经营能力产生疑虑的事项或情况具有重大不确定性。

（5）否定意见审计报告。运用持续经营假设不适当。

（6）否定意见审计报告。重要子公司未合并，导致合并财务报表重大而广泛的错报。

`2019年`
预 测 题

预测 1

ABC 会计师事务所的 A 注册会计师担任多家被审计单位 2018 年度财务报表审计的项目
合伙人，遇到下列事项：

（1）甲上市公司没有披露关键管理人员薪酬，注册会计师出具了无法表示意见的审计
报告。

（2）因丁公司连续多年严重亏损，董事会拟于 2019 年对其进行清算。管理层运用持续经
营假设编制了 2018 年度财务报表，并在财务报表附注中充分披露了清算计划。注册会计师出

具了带强调事项段的无保留意见的审计报告。

（3）戊公司管理层不提供审计准则要求的一项或多项书面声明，注册会计师出具了无法表示意见的审计报告，并在报告中增加关键审计事项段对上述情况进行了说明。

（4）A注册会计师对已公司按照不同编制基础编制的两套财务报表进行审计，经审定编制基础均恰当。注册会计师考虑出具增加其他事项段的无保留意见审计报告。

（5）注册会计师在审计报告日前阅读其他信息时发现其他信息存在重大错报，且与治理层沟通后其他信息仍未得到更正，注册会计师考虑对审计报告发表保留或否定意见的审计报告。

要求：针对上述第（1）至第（5）项，逐项指出A注册会计师出具的审计意见类型是否恰当，如不恰当，简要说明理由。

【答案】

（1）不恰当。仅影响披露的完整性，并不对财务报表具有广泛影响，故出具保留意见即可。

（2）不恰当。被审计单位运用持续经营假设不适当，应发表否定意见的审计报告。

（3）不恰当。管理层不提供审计准则要求的书面声明，注册会计师应当对财务报表发表无法表示意见。但当对财务报表发表无法表示意见时，除非法律法规另有规定，否则注册会计师不得在审计报告中包含关键审计事项部分。

（4）恰当。

（5）不恰当。注册会计师需要考虑对审计报告的影响，并就注册会计师如何在审计报告中处理重大错报与治理层进行沟通，可在审计报告中指明其他信息存在重大错报，但不能因此而发表保留或否定意见的审计报告。在少数情况下，当拒绝更正其他信息的重大错报导致对管理层和治理层的诚信产生怀疑，进而质疑审计证据总体上的可靠性时，可对财务报表发表无法表示意见或在法律法规允许的情况下解除业务约定。（请关注其他信息存在重大错报时CPA的做法）

预测2

ABC会计师事务所的A注册会计师首次担任甲公司2018年度财务报表审计的项目合伙人，遇到下列导致出具非标准审计报告的事项：

（1）审计项目组在审计报告日前识别出重大不一致，需要修改已审计财务报表而管理层拒绝修改，虽然该事项对财务报表影响重大，但不至于出具否定意见的审计报告，A注册会计师拟发表带其他事项段的保留意见，并在其他事项段中指出该事项对甲公司财务报表可能产生的影响。

（2）审计项目组发现2018年12月1日行业监管部门通报甲公司将受到处罚，一旦处罚裁定将对财务报表产生重大影响。但管理层的阻挠导致注册会计师无法获取充分、适当的审计证据，以评价是否存在或可能存在对财务报表产生重大影响的违反法律法规行为，A注册会计师拟发表保留意见。

（3）审计项目组针对甲公司管理层不提供"其提供的信息和交易的完整性"事项的书面声

明，A 注册会计师拟发表保留意见。

（4）审计项目组发现甲公司于 2019 年 1 月被当地政府部门责令无限期停业整改，以解决对附近水源的污染问题。截至审计报告日，管理层没有向当地政府部门提供任何整改措施，持续经营假设已经不适当，A 注册会计师拟发表无法表示意见。

（5）审计项目组发现前任注册会计师对甲公司 2017 年度财务报表出具了非标准审计报告，导致前任注册会计师发表非无保留意见的事项可能与对本期财务报表发表的意见既不相关也不重大，X 注册会计师拟发表非无保留意见。

（6）审计项目组发现甲公司大部分采购和销售交易为关联方交易，管理层在 2018 年财务报表附注中披露关联方交易价格公允，由于缺乏公开市场数据，A 注册会计师无法对该披露做出评估，鉴于关联方交易对甲公司经营活动至关重要，A 注册会计师拟在审计报告中增加强调事项段，提请使用者关注附注中披露的关联方交易价格的公允性。

要求：针对上述第（1）至（6）项，逐项指出 A 注册会计师拟发表的审计意见是否恰当，如不恰当，请指出 A 注册会计师应当出具的审计报告类型，并简要说明理由。

【答案】

（1）不恰当。应当出具保留意见的审计报告，不必增加其他事项段。理由：该事项对财务报表可能产生的影响应当在形成保留意见的基础段进行描述，而不是其他事项段。

（2）不恰当。应当出具保留意见或无法表示意见的审计报告。理由：因管理层的阻挠而无法获取充分、适当的审计证据，以评价是否存在或可能存在对财务报表产生重大影响的违反法律法规行为，注册会计师应当根据审计范围受到限制的程度，发表保留意见或无法表示意见。

（3）不恰当。应当出具无法表示意见的审计报告。理由：管理层应当针对"其提供的信息和交易的完整性"事项提供书面声明，否则注册会计师应当对财务报表发表无法表示意见。

（4）不恰当。应当出具否定意见的审计报告。理由：甲公司持续经营假设不恰当。

（5）不恰当。应出具无保留意见的审计报告。理由：导致前任注册会计师发表非无保留意见的事项可能与对本期财务报表发表的意见既不相关也不重大。

（6）不恰当。应当出具保留意见或无法表示意见的审计报告。理由：因为无法对该披露做出评估属于审计范围受到限制。

专题四　集团财务报表审计

考点梳理

押题点 1　重要组成部分的特征

（1）单个组成部分对集团具有财务重大性；

（2）由于单个组成部分的特定性质或情况，可能存在导致集团财务报表发生重大错报的特别风险(例如,从事外汇交易、使用衍生工具进行交易、执行特殊退货安排、存在大量过时存货等的组成部分)。

押题点 ② 集团财务报表审计中的责任设定

(1)集团项目组对整个集团财务报表审计工作及审计意见负全部责任,这一责任不因利用组成部分注册会计师的工作而减轻。

(2)除非法律法规要求在审计报告中提及组成部分注册会计师,并且这样做对充分说明情况是必要的,否则不应提及组成部分注册会计师。

押题点 ③ 重要性

1. 集团财务报表重要性

在制定集团总体审计策略时,由集团项目组确定集团财务报表整体的重要性。

2. 组成部分重要性

(1)组成部分重要性应低于集团财务报表整体的重要性。在确定组成部分重要性时,无须采用将集团财务报表整体重要性按比例分配的方式,因此,对不同组成部分确定的重要性的汇总数,有可能高于集团财务报表整体重要性。

(2)如果组成部分注册会计师对组成部分财务信息实施审计或审阅,集团项目组应当基于集团审计目的,为这些组成部分确定组成部分重要性。

(3)在制定组成部分总体审计策略时,需要使用组成部分的重要性。

(4)如果仅计划在集团层面对某组成部分实施分析程序,无需为该组成部分确定重要性。

3. 组成部分实际执行的重要性

(1)组成部分层面实际执行的重要性可以由组成部分注册会计师确定,也可以由集团项目组确定;

(2)如果基于集团审计目的,由组成部分注册会计师对组成部分财务信息执行审计工作,集团项目组应当评价在组成部分层面确定的实际执行的重要性的适当性。

押题点 ④ 了解组成部分注册会计师

1. 总体要求

(1)只有当基于集团审计目的,计划要求由组成部分注册会计师执行组成部分财务信息的相关工作时,集团项目组才需要了解组成部分注册会计师。

(2)如果集团项目组计划仅在集团层面对某些组成部分实施分析程序,就无须了解这些组成部分注册会计师。

2. 对组成部分注册会计师了解内容存在疑虑时的处理

(1)集团项目组应亲自获取证据的情况:

①组成部分注册会计师不符合与集团审计相关的独立性要求。

②集团项目组对组成部分注册会计师职业道德、专业胜任能力和所处的监管环境存有重大疑虑。

(2)集团项目组可以通过参与组成部分注册会计师的工作、实施追加的风险评估程序或对组成部分财务信息实施进一步审计程序消除疑虑的情况：

①集团项目组对组成部分注册会计师专业胜任能力的并非重大的疑虑（如认为其缺乏行业专门知识）。

②组成部分注册会计师未处于积极有效的监管环境中。

押题点 ⑤ 对于组成部分的审计程序

1. 对具有财务重大性的重要组成部分

（由集团项目组或组成部分注册会计师）使用组成部分重要性对组成部分财务信息实施审计。

2. 对存在特别风险的重要组成部分

集团项目组或代表集团项目组的组成部分注册会计师应当执行下列一项或多项工作：

（1）使用组成部分重要性对组成部分财务信息实施审计；

（2）针对与可能导致集团财务报表发生重大错报的特别风险相关的一个或多个账户余额、一类或多类交易或披露事项实施审计；

（3）针对可能导致集团财务报表发生重大错报的特别风险实施特定的审计程序。

【提示】 如果组成部分注册会计师对重要组成部分财务信息执行审计，集团项目组应当参与组成部分注册会计师实施的风险评估程序，以识别导致集团财务报表发生重大错报的特别风险。

3. 对不重要的组成部分

集团项目组应当在集团层面实施分析程序。

4. 已执行的工作仍不能提供充分、适当审计证据时的处理

集团项目组应当选择某些不重要的（重要的都审计过了）组成部分，并对已选择的组成部分财务信息亲自执行或由代表集团项目组的组成部分注册会计师执行下列一项或多项工作（矮子中挑高子）：

（1）使用组成部分重要性对组成部分财务信息实施审计；

（2）对一个或多个账户余额、一类或多类交易或披露实施审计；

（3）使用组成部分重要性对组成部分财务信息实施审阅；

（4）实施特定程序。

历 年 真 题

2016 年

ABC 会计师事务所的 A 注册会计师负责审计甲集团公司 2015 年度财务报表，与集团审计相关的部分事项如下：

（1）乙公司为不重要的组成部分，A 注册会计师对组成部分注册会计师的专业胜任能力存在重大疑虑，因此，对其审计工作底稿实施了详细复核，不再实施其他审计程序。

（2）丙公司为甲集团公司2015年新收购的子公司，存在导致集团财务报表发生重大错报的特别风险，A注册会计师要求组成部分注册会计师使用组成部分重要性对丙公司财务信息实施审阅。

（3）丁公司为海外子公司，A注册会计师要求担任丁公司组成部分注册会计师的境外会计师事务所确认其是否了解并遵守中国注册会计师职业道德守则的规定。

（4）联营公司戊公司为重要组成部分，因无法接触戊公司的管理层和注册会计师，A注册会计师取得了戊公司2015年度财务报表和审计报告，甲集团公司管理层拥有戊公司财务信息及作出的与戊公司财务信息有关的书面声明，认为这些信息已构成与戊公司相关的充分适当的审计证据。

（5）2016年2月15日，组成部分注册会计师对已公司2015年度财务信息出具了审计报告，A注册会计师对已公司2016年2月15日至集团审计报告日期间实施了期后事项审计程序，未发现需要调整或披露的事项。

要求：针对上述第（1）至（5）项，逐项指出A注册会计师做法是否恰当。如不恰当，简要说明理由。

【答案】

（1）不恰当。对组成部分注册会计师的专业胜任能力存有重大疑虑，不应由组成部分注册会计师执行工作/应当由集团项目组亲自获取审计证据。

（2）不恰当。丙公司为重要组成部分，不应当执行审阅/应当对丙公司执行财务信息审计/特定账户余额、披露或交易审计/实施特定审计程序。

（3）恰当。

（4）不恰当。戊公司是重要组成部分，A注册会计师取得的这些信息不能构成与戊公司相关的充分、适当的审计证据。

（5）恰当。

2014 年

（改）ABC会计师事务所负责审计甲集团公司2013年度财务报表。集团项目组在审计工作底稿中记录了集团审计总结，部分内容摘录如下：

（1）联营公司乙公司为重要组成部分。组成部分注册会计师拒绝向集团项目组提供审计工作底稿或备忘录，乙公司管理层拒绝集团项目组对乙公司财务信息执行审计工作，向其提供了乙公司审计报告和财务报表。集团项目组就该事项与集团治理层进行了沟通。

（2）丙公司为重要组成部分。集团项目组利用了组成部分注册会计师对丙公司执行法定审计的结果。集团项目组确定该组成部分重要性为300万元，组成部分注册会计师执行法定审计使用的财务报表整体重要性为320万元，实际执行的重要性为240万元。

（3）丁公司为重要组成部分，存在导致集团财务报表发生重大错报的特别风险。集团项目组评价了组成部分注册会计师拟对该风险实施的进一步审计程序的恰当性，但根据对组成部分注册会计师的了解，未参与进一步审计程序。

（4）戊公司为不重要的组成部分。其他会计师事务所的注册会计师对戊公司财务报表执行了法定审计。集团项目组对戊公司财务报表执行了集团层面分析程序，未对执行法定审计的注册会计师进行了解。

（5）己公司为不重要的组成部分。集团项目组要求组成部分注册会计师使用集团财务报表整体的重要性对己公司财务信息实施了审阅，结果满意。

（6）庚公司为不重要的组成部分。因持续经营能力存在重大不确定性，组成部分注册会计师对庚公司出具了带"与持续经营相关的重大不确定性"段落的无保留意见审计报告。甲集团公司管理层认为该事项不会对集团财务报表产生重大影响。集团项目组同意甲集团公司管理层的判断，拟在无保留意见审计报告中增加其他事项段，提及组成部分注册会计师对庚公司出具的审计报告类型、日期和组成部分注册会计师名称。

要求：针对上述第（1）至（6）项，逐项指出集团项目组的做法是否恰当，并简要说明理由。

【答案】

（1）恰当。该事项属于审计过程中遇到的重大困难，应当与治理层进行沟通。

（2）不恰当。组成部分注册会计师在执行法定审计时应使用300万元作为重要性/组成部分注册会计师执行法定审计使用的重要性大于集团项目组确定的该组成部分重要性，集团项目组不能利用法定审计的工作结果。

（3）恰当。集团项目组是否参与进一步审计程序取决于对组成部分注册会计师的了解。

（4）恰当。对戊公司仅实施集团层面分析程序，无须了解其他注册会计师。

（5）不恰当。应使用组成部分重要性实施审阅。

（6）不恰当。不应在审计报告中提及组成部分注册会计师，如果提及，应指明这种提及并不减轻甲集团公司审计项目合伙人及ABC会计师事务所对甲集团公司审计意见承担的责任。

2012 年

1. （A卷）甲集团公司拥有乙公司等6家全资子公司。ABC会计师事务所负责审计甲集团公司2011年度财务报表，确定甲集团公司合并财务报表整体的重要性为500万元。集团项目组在审计工作底稿中记录了集团审计策略，部分内容摘录如下：

组成部分	（1）是否为重要组成部分（是/否）	（2）是否由其他会计师事务所执行相关工作（是/否）	（3）拟执行工作的类型	（4）组成部分重要性	说明
乙公司	是	否	审计	500万元	确定该组成部分实际执行的重要性为300万元
丙公司	是	是	审计	200万元	该组成部分实际执行的重要性由其他会计师事务所自行确定，无须评价

续表

组成部分	（1）是否为重要组成部分（是/否）	（2）是否由其他会计师事务所执行相关工作（是/否）	（3）拟执行工作的类型	（4）组成部分重要性	说明
丁公司	是	是	审计	100万元	确定该组成部分实际执行的重要性为60万元
戊公司	否	否	审阅	不适用	执行审阅工作，无须确定组成部分重要性
戊公司	否	否	集团层面分析程序	不适用	执行集团层面分析程序，无需确定组成部分重要性
庚公司	否	否	审计	400万元	确定该组成部分实际执行的重要性为240万元

要求：假定不考虑其他条件，结合上表中第（1）（2）和（3）列，分别指出第（4）列所列内容是否恰当。如不恰当，简要说明理由。将答案直接填入答题区相应的表格内。

组成部分	是否恰当（是/否）	理由
乙公司		
丙公司		
丁公司		
戊公司		
戊公司		
庚公司		

【答案】

组成部分	是否恰当（是/否）	理由
乙公司	否	组成部分重要性应当低于集团财务报表整体的重要性
丙公司	否	如果实际执行的重要性由组成部分注册会计师确定，应当评价其适当性
丁公司	是	
戊公司	否	如果对组成部分财务信息执行审阅，应当确定组成部分重要性
戊公司	是	
庚公司	是	

2. （B卷）ABC会计师事务所负责审计甲集团公司2011年度财务报表。集团项目组在审计工作底稿中记录了集团审计策略，部分内容摘录如下：

序号	集团公司/组成部分	（1）是否为重要组成部分（是/否）	（2）集团审计策略
（1）	甲集团公司	不适用	初步预期集团层面控制运行有效，并拟实施控制测试
（2）	乙公司(子公司)	否	拟使用集团财务报表整体的重要性对乙公司财务信息实施审阅
（3）	丙公司(联营公司)	否	拟实施集团层面的分析程序，不利用丙公司注册会计师的工作，因此不对其进行了解
（4）	丁公司(子公司)	是	经初步了解，负责丁公司审计的组成部分注册会计师不符合与集团审计相关的独立性要求。拟通过参与该注册会计师对丁公司实施的审计工作，消除其不具有独立性的影响
（5）	戊公司(子公司)	是	拟要求组成部分注册会计师实施审计，并提交其出具的戊公司审计报告。对戊公司自2012年3月10日(戊公司财务报表审计报告日)至2012年3月31日(甲集团公司财务报表审计报告日)之间发生的、可能需要在甲集团公司财务报表中调整或披露的期后事项，拟要求组成部分注册会计师实施审阅予以识别
（6）	庚公司(子公司)	是	庚公司从事大量衍生工具交易，可能存在导致集团财务报表发生重大错报的特别风险。拟要求组成部分注册会计师针对上述特别风险实施特定的审计程序

要求：逐项指出上表所述的集团审计策略是否恰当。如不恰当，简要说明理由。将答案直接填入答题区相应的表格内。

集团审计策略序号	是否恰当（是/否）	理由
（1）		
（2）		
（3）		
（4）		
（5）		
（6）		

【答案】

集团审计策略序号	是否恰当（是/否）	理由
（1）	是	
（2）	否	应当使用组成部分乙公司的重要性对乙公司财务信息实施审阅

续表

集团审计策略序号	是否恰当（是/否）	理由
（3）	是	
（4）	否	组成部分注册会计师不符合集团审计独立性要求，集团项目组应就该组成部分财务信息亲自获取充分、适当的审计证据
（5）	否	应要求戊公司组成部分注册会计师实施审计程序
（6）	是	

2019年 预测题

预测

ABC 会计师事务所负责审计甲集团公司 2018 年度财务报表。甲集团由 10 家子公司构成。集团项目组根据其对集团及其环境、集团组成部分及其环境的了解，确定集团财务报表整体重要性水平为 500 万元。审计工作底稿的部分内容摘录如下：

（1）E 公司为重要组成部分，集团项目组了解到 E 组成部分注册会计师确定的组成部分重要性为 400 万元，实际执行的重要性为 280 万元，集团项目组评价了该实际执行的重要性的适当性。

（2）F 公司为非重要组成部分。集团项目组计划对该组成部分在集团层面实施分析程序，并就拟执行工作的类型的概述与集团治理层进行沟通。

（3）G 公司为重要组成部分。集团项目组参与了组成部分注册会计师对 G 组成部分财务信息的风险评估程序，与组成部分注册会计师讨论了对集团而言重要的组成部分业务活动。

（4）H 公司为重要组成部分，H 组成部分虽不具有财务重大性，但其主要业务是外汇交易，因而集团项目组将该组成部分识别为重要组成部分，并对该组成部分财务信息执行的工作为限于受外汇交易影响的账户余额、交易和披露的审计。

（5）I 公司为不重要组成部分。集团项目组计划对 I 公司在集团层面实施分析程序，基于集团审计目的，集团项目组认为必须了解 I 组成部分注册会计师，以降低风险。

（6）J 公司为重要组成部分，集团项目组根据对 J 组成部分注册会计师的了解，认为其不符合与集团审计相关的独立性要求。集团项目组拟通过参与组成部分注册会计师的工作、实施追加的风险评估程序或对组成部分财务信息实施进一步审计程序，以消除组成部分注册会计师不具有独立性的影响。

要求：针对上述第（1）至（6）项，逐项指出集团项目组的做法是否恰当，如不恰当，简要说明理由。

【答案】

（1）不恰当。组成部分注册会计师确定 E 组成部分重要性不恰当，重要组成部分的重要性应当由集团项目组基于集团审计目的为组成部分确定。

（2）恰当。

（3）不恰当。集团项目组参与组成部分注册会计师实施的风险评估程序中，除了与组成部分注册会计师或组成部分管理层讨论对集团而言重要的组成部分业务活动外，还应当与组成部分注册会计师讨论由于舞弊或错误导致组成部分财务信息发生重大错报的可能性，以及复核组成部分注册会计师对识别出的导致集团财务报表发生重大错报的特别风险形成的审计工作底稿。

（4）恰当。

（5）不恰当。如果集团项目组计划近在集团层面对某些组成部分实施分析程序，就无须了解这些组成部分注册会计师。

（6）不恰当。集团项目组不能通过参与组成部分注册会计师的工作、实施追加的风险评估程序或对组成部分财务信息实施进一步审计程序，消除组成部分注册会计师不具有独立性的影响。集团项目组应当就组成部分财务信息亲自获取充分、适当的审计证据。

专题五　供产销货币资金审计（除函证、存货监盘）－内部控制、控制测试、实质性程序

考点梳理

押题点 各循环相关的内部控制、控制测试和实质性程序

题目命题规律：

（1）通过所给资料中列示的相关内部控制，判断内部控制是否存在缺陷；

（2）与风险应对相结合，给出针对各循环审计时实施的控制测试或实质性程序，判断程序结果是否表明内部控制运行有效或程序是否恰当，如不恰当简要说明理由。

历年真题

2017 年

ABC 会计师事务所的 A 注册会计师负责审计甲公司 2016 年度财务报表。与货币资金审计相关的部分事项如下：

（1）A 注册会计师认为库存现金重大错报风险很低，因此，未测试甲公司财务主管每月末盘点库存现金的控制，于 2016 年 12 月 31 日实施了现金监盘，结果满意。

（2）对于账面余额与银行对账单余额存在差异的银行账户，A 注册会计师获取了银行存款余额调节表，检查了调节表中的加计数是否正确，并检查了调节后的银行存款日记账余额与银行对账单余额是否一致，据此认可了银行存款余额调节表。

（3）因对甲公司管理层提供的银行对账单的真实性存在有疑虑，A 注册会计师在出纳陪同下前往银行获取银行对账单。在银行柜台人员打印对账单时，A 注册会计师前往该银行其

他部门实施了银行函证。

（4）甲公司有一笔2015年10月存入的期限两年的大额定期存款。A注册会计师在2015年度财务报表审计中检查了开户证实书原件并实施了函证，结果满意，因此，未在2016年度审计中实施审计程序。

（5）为测试银行账户交易入账的真实性，A注册会计师在验证银行对账单的真实性后，从银行存款日记账中选取样本与银行对账单进行核对，并检查了支持性文件，结果满意。

（6）乙银行在银行询证函回函中注明："接收人不能依赖函证中的信息。"A注册会计师认为该条款不影响回函的可靠性，认可了回函结果。

要求：针对上述第（1）至（6）项，逐项指出A注册会计师的做法是否恰当。如不恰当，简要说明理由。

【答案】

（1）恰当。

（2）不恰当。取得并检查银行存款余额调节表实施的程序包括：

①检查调节表中加计数是否正确，调节后银行存款日记账余额与银行对账单余额是否一致。

②检查调节事项。

③关注长期未达账项，查看是否存在挪用资金等事项。

④特别关注银付企未付、企付银未付中支付异常的领款事项，包括没有载明收款人、签字不全等支付事项，确认是否存在舞弊

（3）不恰当。应全程关注银行对账单的打印过程/未对银行对账单获取全过程保持控制。

（4）不恰当。应当对重大账户余额实施实质性程序。

（5）恰当。

（6）不恰当。该条款影响回函可靠性。

询证函中的条款属于对回函可靠性产生影响的限制性条款。实务中常见的对回函可靠性产生影响的限制条款的例子包括：①"本信息是从电子数据库中取得，可能不包括被询证方所拥有的全部信息"；②"本信息既不保证准确也不保证是最新的，其他方可能会持有不同意见"；③"接收人不能依赖函证中的信息"。

2016年

ABC会计师事务所的A注册会计师负责审计甲公司2015年度财务报表，审计工作底稿中与负债审计相关的部分内容摘录如下：

（1）甲公司各部门使用的请购单未连续编号，请购单由部门经理批准，超过一定金额还需总经理批准，A注册会计师认为该项按制设计有效，实施了控制测试，结果满意。

（2）为查找未入账的应付账款，A注册会计师检查了资产负债表日后应付账款明细账贷方发生额的相关凭证，并结合存货监盘程序，检查了甲公司资产负债日前后的存货入库资料，结果满意。

（3）由于2015年人员工资和维修材料价格连续上涨，甲公司实际发生的产品质量保证支

出与以前年度预计数相差较大，A注册会计师要求管理层就该差异进行追溯调整。

（4）甲公司有一笔账龄三年以上，金额重大的其他应付款，因2015年度未发生变动，A注册会计师未实施进一步审计程序。

（5）甲公司年末与固定资产弃置义务相关的预计负债金额为200万元，A注册会计师作出了300万元到360万元之间的区间估计，与管理层沟通后同意其按100万元的错报进行调整。

要求：针对上述（1）至（5）项，逐项指出A注册会计师的做法是否恰当，如不恰当，简要说明理由。

【答案】

（1）恰当。

（2）不恰当。还应检查资产负债表日后货币资金的付款项目/获取甲公司与供应商之间的对账单并与财务记录进行核对调节/检查采购业务形成的相关原始凭证。

（3）不恰当。资产负债表日后价格的变化并不表明前期会计估计存在差错。

（4）不恰当。注册会计师没有/应当对重大账户余额实施实质性程序。

（5）恰当。

2015年

ABC会计师事务所负责审计甲公司2014年度财务报表，审计工作底稿中与内部控制相关的部分内容摘录如下：

（1）甲公司营业收入的发生认定存在特别风险。相关控制在2013年度审计中经测试运行有效。因这些控制本年未发生变化，审计项目组拟继续予以信赖，并依赖了上年审计获取的有关这些控制运行有效的审计证据。

（2）考虑到甲公司2014年固定资产的采购主要发生在下半年，审计项目组从下半年固定资产采购中选取样本实施控制测试。

（3）甲公司与原材料采购批准相关的控制每日运行数次，审计项目组确定样本规模为25个。考虑到该控制自2014年7月1日起发生重大变化，审计项目组从上半年和下半年的交易中分别选取12个和13个样本实施控制测试。

（4）审计项目组对银行存款实施了实质性程序，未发现错报，因此认为甲公司与银行存款相关的内部控制运行有效。

（5）甲公司内部控制制度规定，财务经理每月应复核销售返利计算表，检查销售收入金额和返利比例是否准确，如有异常进行调查并处理，复核完成后签字存档。审计项目组选取了3个月的销售返利计算表，检查了财务经理的签字，认为该控制运行有效。

（6）审计项目组拟信赖与固定资产折旧计提相关的自动化应用控制。因该控制在2013年度审计中测试结果满意，且在2014年未发生变化，审计项目组仅对信息技术一般控制实施测试。

要求：针对上述第（1）至第（6）项，逐项指出审计项目组的做法是否恰当。如不恰当，简要说明理由。

【答案】

（1）不恰当。因相关控制是应对特别风险的，应当在当年测试相关控制的运行有效性/不能利用以前审计中获取的审计证据。

（2）不恰当。控制测试的样本应当涵盖整个期间。

（3）不恰当。因为控制发生重大变化，应当分别测试/2014年上半年和下半年与原材料采购批准相关的内部控制活动不同，应当分别测试25个。

（4）不恰当。通过实质性测试未发现错报，并不能证明与所测试认定相关的内部控制是有效的/注册会计师不能以实质性测试的结果推断内部控制的有效性。

【提示】依据：审计准则第1231号第十六条。

（5）不恰当。只检查财务经理的签字不足够/应当检查财务经理是否按规定完整实施了该控制。

（6）恰当。

·2019年·
预测题

预测 1

ABC会计师事务所承接了甲公司2018年度财务报表审计业务，A注册会计师任项目合伙人。A注册会计师在对甲公司的销售与收款循环的内部控制进行了解和测试。

资料一：

（1）开具账单部门在收到发运单并与销售单核对无误后，编制预先连续编号的销售发票，并将其连同发运单和销售单及时送交会计部门。会计部门在核对无误后由财务部门职员王某据以登记销售收入和应收账款明细账。

（2）由负责登记应收账款备查簿的人员在每月末定期给顾客寄送对账单，并对顾客提出的异议进行专门追查。

资料二：

注册会计师在审计中发现了甲公司存在的内部控制缺陷，在某次会谈中向治理层和适当层级的管理层口头阐述了其发现的所有缺陷情况，同时说明注册会计师执行审计工作的目的是对财务报表发表审计意见，并非对内部控制的有效性发表意见。

要求：

（1）针对资料一，请逐项指出上述事项中，内部控制是否存在缺陷，如存在，说明理由并提出改进建议。

（2）针对资料二，指出不恰当之处，简要说明理由。

【答案】

（1）第（1）项存在缺陷。理由：由财务部门职员王某一个人登记销售收入和应收账款明细账。

建议：登记收入明细账和应收账款明细账的职务应该分离。

第（2）项存在缺陷。理由：登记应收账款备查簿的人员不能寄发对账单。

建议：由不负责现金出纳和销售及应收账款记账的人员寄发对账单。

（2）①口头阐述的方式不恰当。注册会计师应当以书面形式及时向治理层和管理层通报审计过程中识别出的值得关注的内部控制缺陷。

②将发现的所有缺陷情况均予以沟通不恰当。注册会计师与治理层和管理层沟通的事项仅限于注册会计师在审计过程中识别出的、认为足够重要从而值得向治理层报告的缺陷，而非所有缺陷情况。

预测2

ABC 会计师事务所承接了甲公司 2018 年度财务报表审计业务，A 注册会计师担任审计项目合伙人。A 注册会计师对甲公司的内部控制进行了初步了解和测试。

甲公司主要生产和销售电视机，电视机全部发往各地办事处和境外销售分公司销售。

通过对甲公司内部控制的测试，A 注册会计师注意到下列情况：

（1）甲公司在以前年度未对存货实施盘点，但有完整的存货会计记录和仓库记录；

（2）甲公司发出电视机时未全部按顺序记录；

（3）甲公司生产电视机所需的零星 C 材料由乙公司代为保管，但甲公司未对 C 材料的变动进行会计记录；

（4）甲公司 2018 年 12 月 25 日后发出的存货在仓库的明细账上记录，但未在财务部门的会计账上反映；

（5）甲公司发出材料存在不按既定计价方法核算的现象；

（6）甲公司财务部门会计记录和仓库明细账均反映了代丙公司保管的 E 材料。

要求：针对上述事项，逐项指出 A 注册会计师通过控制测试所注意到的各种情况是否实际构成内部控制缺陷？并简要说明理由。

情况序号	是否构成缺陷（是/否）	理由
（1）		
（2）		
（3）		
（4）		
（5）		
（6）		

【答案】

情况序号	是否构成缺陷（是/否）	理由
（1）	是	如果对存货不进行实地盘点，则无法证实存货账实是否相符，甲公司应当对存货定期盘点

续表

情况序号	是否构成缺陷 （是/否）	理由
（2）	是	如果发出产成品不按顺序记录，则很可能导致漏记，同时，在某些产成品发出计价方法下，发出产成品不按顺序记录，也可能影响营业成本和存货数额的准确性
（3）	是	由于C材料的所有权归属于甲公司，因此，甲公司应当对其与其他存货一样进行会计处理，及时记录其收发情况
（4）	是	会计核算截止日为12月31日，甲公司对12月25日后收发存货应及时进行会计处理
（5）	是	不符合会计核算的一贯性原则，不利于会计信息使用者对会计信息的理解
（6）	是	代保管材料并非甲公司的存货，甲公司不应在会计账上予以记录。对于代保管存货仅须在仓库账上备查记录，以区分对代保管材料的实物管理

专题 六 特殊项目审计、期后事项、利用他人的工作

考点梳理

押题点 1 会计估计审计

1. 具有高度估计不确定性的会计估计

（1）高度依赖判断的会计估计；

（2）未采用经认可的计量技术计算的会计估计；

（3）注册会计师对上期财务报表中类似会计估计进行复核的结果表明最初会计估计与实际结果之间存在很大差异，在这种情况下管理层作出的会计估计；

（4）采用高度专业化的、由被审计单位自主开发的模型，或在缺乏可观察到的输入数据的情况下作出的公允价值会计估计。

2. 针对评估出的与会计估计相关的重大错报风险的应对程序

（1）确定截至审计报告日发生的事项是否提供有关会计估计的审计证据（例如，期后不久出售存货，可能提供有关其可变现净值估计的审计证据）；

（2）测试管理层如何作出会计估计以及会计估计所依据的数据；

（3）测试与管理层如何作出会计估计相关的控制的运行有效性，并实施恰当的实质性程序；

（4）作出注册会计师的点估计或区间估计，以评价管理层的点估计。

①如使用有别于管理层的假设或方法，注册会计师应充分了解管理层的假设或方法，以确定注册会计师在作出点估计或区间估计时已考虑了相关变量，并评价与管理层的点估计存

在的任何重大差异。

②如果认为使用区间估计是恰当的，注册会计师应当基于可获得的审计证据来缩小区间估计，直至该区间估计范围内的所有结果均可被视为合理。

3. 应对导致特别风险的会计估计的审计程序

【提示】会计估计导致的重大错报风险可能属于特别风险，因此注册会计师应当确定会计估计的重大错报风险是否属于特别风险。

针对导致特别风险的会计估计：

(1)评价管理层是否适当处理估计不确定性。

①评价管理层如何考虑替代性的假设或结果，以及拒绝采纳的原因，或者在管理层没有考虑替代性的假设或结果的情况下，评价管理层在作出会计估计时如何处理估计不确定性；

②评价管理层使用的重大假设是否合理；

③当管理层实施特定措施的意图和能力与其使用的重大假设的合理性或对适用的财务报告编制基础的恰当应用相关时，评价这些意图和能力。

(2)作出区间估计。

如认为管理层没有适当处理估计不确定性对导致特别风险的会计估计的影响，注册会计师应当在必要时作出用于评价会计估计合理性的区间估计。

(3)确定确认和计量的标准是否符合适用的编制基础。

(4)关注与会计估计相关的披露。

(5)识别可能存在管理层偏向的迹象。

注册会计师应当复核管理层在作出会计估计时的判断和决策，以识别是否可能存在管理层偏向的迹象。

与会计估计相关的、可能存在管理层偏向迹象的例子：

①管理层主观地认为环境已经发生变化，并相应地改变会计估计或估计方法；

②针对公允价值会计估计，被审计单位的自有假设与可观察到的市场假设不一致，但仍使用被审计单位的自有假设；

③管理层选择或作出重大假设以产生有利于管理层目标的点估计；

④选择带有乐观或悲观倾向的点估计。

(6)获取书面声明

注册会计师应向管理层和治理层(如适用)获取书面声明，以确定其是否认为在作出会计估计时使用的重大假设是合理的。

4. 评价会计估计的合理性并确定错报

(1)点估计：当审计证据支持点估计时，注册会计师的点估计与管理层的点估计之间的差异构成错报。

(2)区间估计：当注册会计师认为使用其区间估计能够获取充分、适当的审计证据时，则在注册会计师区间估计之外的管理层点估计得不到审计证据的支持。相应的错报不小于管理层点估计与注册会计师区间估计之间的最小差异。

(3)当管理层根据对环境变化的主观判断而改变某项会计估计，或改变上期估计的方法时，可能认为管理层随意改变估计而产生错报，或者将其视为可能存在管理层偏向的迹象。

【提示】会计估计的结果与财务报表中原来已确认或披露的金额存在差异，并不必然表明财务报表存在错报，这对于公允价值会计估计而言尤其如此。

押题点 ② 关联方的审计

一、注册会计师审计关联方及其交易的目标

(1)无论适用的财务报告编制基础是否对关联方作出规定，注册会计师都应充分了解关联方关系及其交易，以便能够确认由此产生的、与识别和评估由于舞弊导致的重大错报风险相关的舞弊风险因素；根据获取的审计证据，就财务报表受到关联方关系及其交易的影响而言，确定财务报表是否实现公允反映。

(2)如果适用的财务报告编制基础对关联方作出规定，获取充分、适当的审计证据，确定关联方关系及其交易是否已按照适用的财务报告编制基础得到恰当识别、会计处理和披露。

【提示】许多关联方交易是在正常经营过程中发生的，与类似的非关联方交易相比，这些关联方交易可能并不具有更高的财务报表重大错报风险。

二、识别和评估重大错报风险

1. 总体要求

(1)注册会计师应当按照相关审计准则的规定，识别和评估关联方关系及其交易导致的重大错报风险，并确定这些风险是否为特别风险。

(2)注册会计师应当将识别出的、超出被审计单位正常经营过程的重大关联方交易导致的风险确定为特别风险。

2. 考虑关联方施加支配性影响的情形

(1)关联方否决管理层或治理层作出的重大经营决策；

(2)重大交易需经关联方的最终批准；

(3)对关联方提出的业务建议，管理层和治理层未曾或很少进行讨论；

(4)对涉及关联方(或与关联方关系密切的家庭成员)的交易，极少进行独立复核和批准。

3. 其他可能表明存在由于舞弊导致的特别风险的情形

(1)异常频繁变更高级管理人员或专业顾问，可能表明被审计单位为关联方谋取利益而从事不道德或虚假的交易；

(2)利用中间机构从事难以判断是否具有正当商业理由的重大交易，可能表明关联方出于欺诈目的，通过控制这些中间机构从交易中获利；

(3)有证据显示关联方过度干涉或关注会计政策的选择或重大会计估计的作出，可能表明存在虚假财务报告。

三、针对重大错报风险的应对措施

1. 识别出可能表明存在管理层以前未识别出或未披露的关联方关系或交易的安排或信息

注册会计师应当确定相关情况是否能够证实关联方关系或关联方交易的存在。

2. 识别出管理层以前未识别出或未披露的关联方关系或重大关联方交易

（1）立即将相关信息向项目组其他成员通报，确定是否需要重新评估重大错报风险；

（2）在适用的财务报告编制基础对关联方作出规定的情况下，要求管理层识别与新识别出的关联方之间发生的所有交易，以便注册会计师作出进一步评价，并询问与关联方关系及其交易相关的控制为何未能识别或披露该关联方关系或交易。

（3）对新识别出的关联方或重大关联方交易实施恰当的实质性程序。

①询问新识别出的关联方关系的性质；

②分析与新关联方交易的会计记录；

③核实新关联方交易的条款和条件，评价是否按编制基础恰当处理和披露。

（4）重新考虑可能存在管理层以前未识别出或未向注册会计师披露的其他关联方或重大关联方交易的风险，如有必要，实施追加的审计程序。

（5）如果管理层不披露关联方关系或交易看似是有意的，因而显示可能存在由于舞弊导致的重大错报风险，评价这一情况对审计的影响。注册会计师因此还可能考虑是否有必要重新评价管理层对询问的答复以及管理层声明的可靠性。

3. 识别出超出正常经营过程的重大关联方交易

（1）检查相关合同或协议。

注册会计师应当评价：

①交易的商业理由是否表明被审计单位从事交易的目的可能是为了对财务信息作出虚假报告或为了隐瞒侵占资产的行为；

②交易条款是否与管理层的解释一致；

③关联方交易是否已按照适用的财务报告编制基础得到恰当会计处理和披露。

（2）获取交易已经恰当授权和批准的审计证据。

①超出正常经营过程的交易需要授权和批准；

②存在未经授权和批准的交易——有问题；

③即使有授权和审批——仍须考虑是否存在被审计单位与关联方串通舞弊或关联方对被审计单位具有支配性影响。

押题点 ③ 考虑持续经营假设

一、管理层的责任和注册会计师的责任

1. 管理层的责任

管理层需要在编制财务报表时评估持续经营能力，无论财务报告编制基础是否对此作出明确要求。

2. 注册会计师的责任

（1）在执行财务报表审计业务时，注册会计师的责任是就管理层在编制和列报财务报表时运用持续经营假设的适当性获取充分、适当的审计证据，并就持续经营能力是否存在重大不确定性得出结论。

（2）即使编制财务报表时采用的财务报告编制基础没有明确要求管理层对持续经营能力作出专门评估，注册会计师的这种责任仍然存在。

（3）由于审计的固有限制对注册会计师发现持续经营能力重大错报的潜在影响会加大，注册会计师不能对这些未来事项或情况作出预测，如果注册会计师未在审计报告中提及持续经营的不确定性，不能被视为对被审计单位持续经营能力的保证。

二、应对评估的重大错报风险

1. 评价管理层对持续经营能力作出的评估

（1）管理层评估涵盖的期间

管理层对持续经营能力的合理评估期间应是自资产负债表日起的下一个会计期间。如果评估期间少于资产负债表日起的十二个月，注册会计师应当提请管理层将评估期间延伸至十二个月。

（2）关注管理层的评估及支持性分析

如果被审计单位具有盈利经营的记录并很容易获得财务支持，管理层可能不需要进行详细分析就能作出评估。在这种情况下，如果其他审计程序足以使注册会计师认为管理层在编制财务报表时运用的持续经营假设适合具体情况，注册会计师可能无需实施详细的评价程序，就可以对管理层评估的适当性得出结论。

2. 超出管理层评估期间的事项或情况的应对

（1）注册会计师应当询问管理层是否知悉超出评估期间的、可能导致对持续经营能力产生重大疑虑的事项或情况。

（2）除询问管理层外，注册会计师没有责任实施其他任何审计程序，以识别超出管理层评估期间并可能导致对被审计单位持续经营能力产生重大疑虑的事项或情况。

（3）考虑更远期间发生的事项或状况时，只有持续经营迹象达到重大时，注册会计师才需要考虑采取进一步措施，并提请管理层评价其潜在重要性。在这种情况下，注册会计师应当通过实施追加的审计程序，获取充分、适当的审计证据，以确定是否存在重大不确定性。

三、识别出事项或情况时实施追加的审计程序

如果识别出可能导致对持续经营能力产生重大疑虑的事项或情况，注册会计师应当实施追加的审计程序：

（1）如果管理层尚未对被审计单位持续经营能力作出评估，提请其进行评估；

（2）评价管理层与持续经营能力评估相关的未来应对计划，这些计划的结果是否可能改善目前的状况，以及管理层的计划对于具体情况是否可行；

（3）如果被审计单位已编制现金流量预测，且对预测的分析是评价管理层未来应对计划时所考虑的事项或情况的未来结果的重要因素，评价用于编制预测的基础数据的可靠性，并确定预测所基于的假设是否具有充分的支持；

（4）考虑自管理层作出评估后是否存在其他可获得的事实或信息；

（5）要求管理层和治理层（如适用）提供有关未来应对计划及其可行性的书面声明。

【提示】如果合理预期不存在其他充分、适当的审计证据，注册会计师应当就对财务报表有重大影响的事项向管理层和治理层(如适用)获取书面声明："**在财务报表日起的十二个月内，管理层和治理层(如适用)没有申请破产保护的计划**"。

四、持续经营假设对审计结论和审计报告的影响(见专题三【押题点5】)

押题点 ④ 期后事项

一、区分期后调整事项和非调整事项

关键看"发生"的时点在资产负债表之前还是之后。

二、注册会计师对不同时段的责任的划分

(一)第一时段(发生的事项)

1. 起止日期：资产负债表日~审计报告日

2. 责任定位：主动识别

3. 注册会计师的做法：应当设计专门的审计程序来识别这些期后事项，并根据这些事项的性质判断其对财务报表的影响，进而确定是进行调整还是披露。对发现的需要调整报表项目或在附注中进行披露的事项：

(1)提请管理层调整或披露；

(2)如拒绝调整或披露，考虑发表保留意见或否定意见。

(二)第二时段(知悉的事实)

1. 起止日期：审计报告日~财务报表报出日

2. 责任定位：被动识别

3. 注册会计师的做法：

(1)如果知悉了某事实，且若在审计报告日知悉，可能导致修改审计报告，注册会计师应当与管理层和治理层讨论该事项；

(2)确定财务报表是否需要修改；

(3)如果需要修改，则分以下情况处理：

①管理层修改财务报表时的处理。

A. 正常延伸：应将用以识别期后事项的审计程序延伸至新的审计报告日，并针对修改后的财务报表出具新的审计报告。

B. 有限延伸：如对财务报表的修改仅限于期后事项的影响，董事会、管理层也仅对修改进行批准，注册会计师可仅针对有关修改将用以识别期后事项的审计程序延伸至新的审计报告日。在这种情况下，应选用下列处理方式之一：

a. 修改审计报告，针对修改部分增加补充报告日期。

其中，原审计报告日期表明审计工作何时完成；补充报告日期表明原审计报告日之后实施的审计程序仅针对财务报表的后续修改。补充报告日期的示例如下：

"除附注×所述事项的日期为[仅针对附注×所述修改的审计程序完成日期]之外，[原审计报告日]"。

b. 出具新的或经修改的审计报告，在强调事项段或其他事项段中说明注册会计师对期后事项实施的审计程序仅限于财务报表相关附注所述的修改。

②管理层不修改财务报表且审计报告未提交时的处理。

注册会计师应当发表非无保留意见，然后再提交审计报告。

③管理层不修改财务报表且审计报告已提交时的处理。

A. 通知管理层和治理层在财务报表作出必要修改前不要向第三方报出；

B. 如果仍被报出，采取措施以设法防止财务报表使用者信赖该审计报告。

(三)第三时段(知悉的事实)

1. 起止日期：财务报表报出日后

2. 责任定位：没有义务识别

3. 注册会计师的做法

(1)与管理层和治理层讨论该事项；

(2)确定财务报表是否需要修改；

(3)如果需要修改，询问管理层将如何在财务报表中处理该事项：

①管理层修改财务报表时的处理。

如果管理层修改了了财务报表，注册会计师应当采取如下必要的措施：

A. 根据具体情况对有关修改实施必要的审计程序；例如，查阅法院判决文件、复核会计处理或披露事项，确定对财务报表的修改是否恰当。

B. 复核管理层采取的措施能否确保所有收到原财务报表和审计报告的人士了解这一情况；

C. 延伸实施审计程序，并针对修改后的财务报表出具新的审计报告；除非特殊情形[有限延伸]，将用以识别期后事项的上述审计程序延伸至新的审计报告日，并针对修改后的财务报表出具新的审计报告。

D. 在特殊情况[有限延伸]下，修改审计报告或提供新的审计报告。

②管理层未采取任何行动时的处理。

A. 通知管理层和治理层(除非治理层全部成员参与管理被审计单位)，注册会计师将设法防止财务报表使用者信赖该审计报告。

B. 如果已经通知管理层或治理层，而管理层或治理层没有采取必要措施，注册会计师应当采取适当措施，以设法防止财务报表使用者信赖该审计报告。

押题点⑤ 与治理层沟通

一、沟通的事项

1. 注册会计师与财务报表审计相关的责任

2. 计划的审计范围和时间安排

(1)如何应对特别风险以及重大错报风险评估水平较高的领域；

(2)对与审计相关的内部控制采取的方案；

(3)重要性概念的运用；

(4)实施审计程序或评价审计结果需要的专门技术或知识的性质和程度，包括利用专家的工作；

（5）注册会计师对哪些事项可能需要重点关注因而可能构成关键审计事项所作的初步判断；

（6）计划方面的其他事项。

3. 审计中发现的重大问题

（1）对被审计单位会计实务重大方面的质量的看法；

（2）审计工作中遇到的重大困难；

（3）已与管理层讨论或需要书面沟通的审计中出现的重大事项，以及注册会计师要求提供的书面声明，除非治理层全部成员参与管理被审计单位；

（4）影响审计报告形式和内容的情形；

（5）审计中出现的、根据职业判断认为对监督财务报告过程重大的其他事项。

4. 值得关注的内部控制缺陷

5. 注册会计师的独立性

6. 补充事项

二、沟通的形式

（1）对于审计中发现的重大问题，如果根据职业判断认为采用口头形式沟通不适当，注册会计师应当以书面形式与治理层沟通，但书面沟通不必包括审计过程中的所有事项；

（2）对于审计准则要求的注册会计师的独立性以及值得关注的内部控制缺陷，注册会计师应以书面形式沟通；

（3）其他事项，注册会计师可采用口头或书面形式沟通；

（4）在审计报告中沟通关键审计事项时，注册会计师可能认为有必要就确定为关键审计事项的事项进行书面沟通。

三、沟通的时间安排

（1）对于计划事项的沟通，通常在审计业务的早期阶段进行；

（2）对于审计中遇到的重大困难，如果治理层能够协助注册会计师克服这些困难，或者这些困难可能导致发表非无保留意见，可能需要尽快沟通；

（3）值得关注的内部控制缺陷，可能在进行书面沟通前，尽快向治理层口头沟通；

（4）注册会计师就独立性的不利影响和防范措施作出的判断，无论何时进行沟通都可能是适当的。

押题点 6　与前任注册会计师的沟通

一、接受委托前的沟通

接受委托前沟通的具体要求，如表 5 所示：

表 5　接受委托前沟通的具体要求

项目	内容
沟通的必要性	必要
沟通的目的	了解被审计单位更换会计师事务所的原因以及是否存在不应接受此项业务委托的情况，以确定是否接受委托

续表

项目	内容
沟通的前提	征得被审计单位的同意，后任注册会计师应当提请被审计单位以书面方式允许前任注册会计师对其询问作出充分答复
沟通的内容	(1)是否发现被审计单位管理层存在诚信方面的问题。 (2)前任注册会计师与管理层在重大会计、审计等问题上存在的意见分歧。 (3)前任注册会计师曾与被审计单位治理层沟通过的关于管理层舞弊、违反法规行为以及内部控制的重大缺陷等问题。 (4)前任注册会计师认为导致被审计单位变更会计师事务所的原因
被审计单位不同意沟通或限制答复的范围	后任注册会计师应当向被审计单位询问原因，并考虑是否接受委托。当这种情况出现时，后任注册会计师一般应当拒绝接受委托，除非可以通过其他方式获知必要的事实，或有充分的证据表明被审计单位财务报表的审计风险水平非常低
前任注册会计师的答复	在被审计单位允许的情况下，前任注册会计师应当及时做出充分答复。 【提示】当有多家会计师事务所正在考虑是否接受被审计单位的委托时，前任注册会计师应在被审计单位明确选定其中的一家会计师事务所作为后任注册会计师之后，才对该后任注册会计师的询问做出答复。 (1)如果受到被审计单位的限制或存在法律诉讼的顾虑，决定不向后任注册会计师作出充分答复，前任注册会计师应当向后任注册会计师表明其答复是有限的，并说明原因。 (2)如果未得到答复，且没有理由认为变更会计师事务所的原因异常，后任注册会计师需要设法以其他方式与前任注册会计师再次进行沟通。 如果仍得不到答复，后任注册会计师可以致函前任注册会计师，说明如果在适当的时间内得不到答复，将假设不存在专业方面的原因使其拒绝接受委托，并表明拟接受此项业务委托

二、接受委托后的沟通

接受委托后沟通的具体要求，如表 6 所示：

表 6　接受委托后沟通的具体要求

项目	内容	
沟通的必要性	非必要程序，根据审计工作的需要自行决定	
沟通的方式	最有效、最常用的方式是查阅前任注册会计师的工作底稿	
沟通的前提	征得被审计单位的同意 【提示】审计工作底稿的所有权属于会计师事务所，即使被审计单位同意，前任注册会计师所在的会计师事务所仍可自主决定是否允许后任注册会计师查阅相关工作底稿以及确定查阅的内容 如果前任注册会计师决定向后任注册会计师提供工作底稿，一般可考虑进一步从被审计单位(前审计客户)处获取一份确认函，以便降低在与后任注册会计师进行沟通时发生误解的可能性	

续表

项目	内容
发现前任注册会计师审计的财务报表可能存在重大错报时的处理	(1)安排三方会谈 后任注册会计师应当提请被审计单位告知前任注册会计师。必要时，后任注册会计师可要求被审计单位安排三方会谈。 (2)无法参加三方会谈的处理 如果被审计单位拒绝告知前任注册会计师，或前任注册会计师拒绝参加三方会谈，或后任注册会计师对解决问题的方案不满意，后任注册会计师应当考虑对审计报告的影响或解除业务约定。在这种情况下，后任注册会计师应当考虑：①这种情况对当前审计业务的潜在影响，并根据具体情况出具恰当的审计报告；②是否退出当前审计业务；③后任注册会计师可考虑向其法律顾问咨询，以便决定如何采取进一步措施

【提示】 查阅前任注册会计师工作底稿获取的信息可能影响后任注册会计师实施审计程序的性质、时间和范围，但后任注册会计师应当对自身实施的审计程序和得出的审计结论负责。后任注册会计师不应在审计报告中表明其审计意见全部或部分地依赖前任注册会计师的审计报告或工作。

押题点 ⑦ 利用内部审计工作

1. 内部审计和注册会计师的关系

注册会计师必须了解被审计单位的内部控制，而内部审计是被审计单位内部控制的一个重要组成部分；利用内部审计工作不能减轻注册会计师的责任。

2. 确定是否能够利用内部审计的工作以实现审计目的应评价的事项

(1)内部审计在被审计单位中的地位，以及相关政策和程序支持内部审计人员客观性的程度；

(2)内部审计人员的胜任能力；

(3)内部审计是否采用系统、规范化的方法(包括质量控制)。

3. 注册会计师应当计划较少地利用内部审计工作的情形

当存在下列情况之一时，注册会计师应当计划较少地利用内部审计工作，而更多地直接执行审计工作：

(1)当在下列方面涉及较多判断时：

①计划和实施相关的审计程序；

②评价收集的审计证据。

(2)当评估的认定层次重大错报风险较高，需要对识别出的特别风险予以特殊考虑时。

(3)当内部审计在被审计单位中的地位以及相关政策和程序对内部审计人员客观性的支持程度较弱时。

(4)当内部审计人员的胜任能力较低时。

4. 注册会计师不得利用内部审计工作的情形

如果存在下列情形之一，注册会计师不得利用内部审计的工作：

（1）内部审计在被审计单位的地位以及相关政策和程序不足以支持内部审计人员的客观性；

（2）内部审计人员缺乏足够的胜任能力；

（3）内部审计没有采用系统、规范化的方法(包括质量控制)。

5. 注册会计师不得利用内部审计人员提供直接协助的情形

当存在下列情形之一时，注册会计师不得利用内部审计人员提供直接协助：

（1）存在对内部审计人员客观性的重大不利影响；

（2）内部审计人员对拟执行的工作缺乏足够的胜任能力。

6. 注册会计师不得利用内部审计人员提供直接协助以实施的程序的特征

（1）在审计中涉及作出重大判断；

（2）涉及较高的重大错报风险，在实施相关审计程序或评价收集的审计证据时需要作出较多的判断；

（3）涉及内部审计人员已经参与并且已经或将要由内部审计向管理层或治理层报告的工作；

（4）涉及注册会计师按照规定就内部审计职能，以及利用内部审计工作或利用内部审计人员提供直接协助作出的决策。

7. 在利用内部审计人员为审计提供直接协助之前

注册会计师应当：

（1）从拥有相关权限的被审计单位代表人员处获取书面协议，允许内部审计人员遵循注册会计师的指令，并且被审计单位不干涉内部审计人员为注册会计师执行的工作；

（2）从内部审计人员处获取书面协议，表明其将按照注册会计师的指令对特定事项保密，并将对其客观性受到的任何不利影响告知注册会计师。

押题点 ⑧ 利用专家工作

（1）对工作底稿的使用和保管达成一致意见。当专家是项目组的成员时，专家的工作底稿是审计工作底稿的一部分。除非协议另作安排，外部专家的工作底稿属于外部专家，不是审计工作底稿的一部分。

（2）会计师事务所内部专家需要遵循事务所质量控制准则，而外部专家不受事务所质量控制政策和程序的约束。

（3）适用于注册会计师的相关职业道德要求中的保密条款同样适用于专家，被审计单位也可能要求外部专家同意遵守特定的保密条款。

（4）评价专家工作的内容：

①评价专家工作涉及使用重要的原始数据的相关性、完整性和准确性；

②评价专家工作涉及使用重要的假设和方法的相关性和合理性；

③评价专家的工作结果或结论的相关性和合理性，以及与其他审计证据的一致性。

历 年 真 题

ABC 会计师事务所的 A 注册会计师负责审计甲公司 2017 年度财务报表。与会计估计审计相关的部分事项如下：

（1）A 注册会计师就管理层确认的某项预计负债作出了区间估计，该区间包括了甲公司所有可能承担的赔偿金额。管理层确认的预计负债处于该区间内，A 注册会计师据此认可了管理层确认的金额。

（2）2016 年末，管理层对某项应收款项全额计提了坏账准备。因 2017 年全额收回该款项，管理层转回了相应的坏账准备。A 注册会计师据此认为 2016 年度财务报表存在重大错报，要求管理篇更正 2017 年度财务报表的对应数据。

（3）管理层编制盈利预测以评价递延所得税资产的可回收性。A 注册会计师向管理层询问了盈利预测中使用的假设的依据，并对盈利预测实施了重新计算，结果满意，据此认可了管理层的评价。

（4）2017 年末，甲公司确认与产品保修义务相关的预计负债 400 万元。A 注册会计师作出的点估计为 600 万元。管理层将预计负债调增至 550 万元。A 注册会计师将未调整的 50 万元作为错报累积。

（5）A 注册会计师认为应收账款坏账准备的计提存在特别风险，在了解相关内部控制后，对应收账款坏账准备实施了实质性分析程序，结果满意，据此认可了管理层计提的金额。

要求：针对上述第（1）至（5）项，逐项指出 A 注册会计师的做法是否恰当。如不恰当，简要说明理由。

【答案】

（1）不恰当。作出的区间估计需要包括所有合理．的结果而不是所有可能的结果。

（2）不恰当。2016 年度财务报表中的会计估计与实际结果存在差异，并不必然表明 2016 年度财务报表存在错报。

（3）不恰当。还应当执行程序评价盈利预测中假设的合理性/仅执行询问和重新计算无法获取有关假设合理性的充分、适当的审计证据。

（4）恰当。

（5）不恰当。对特别风险的应对程序仅为实质性程序时，应当包括细节测试。

甲公司是 ABC 会计师事务所的常年审计客户。A 注册会计师负责审计甲公司 2015 年度财务报表，确定财务报表整体的重要性为 200 万元，审计工作底稿中与会计估计审计相关的部分事项摘录如下：

（1）因甲公司 2015 年度经营情况较上年度没有发生重大变化，A 注册会计师通过实施分析程序对上年会计估计在本年的结果进行了复核，以评估与会计估计相关的重大错报风险。

（2）甲公司管理层实施固定资产减值测试时采用的重大假设具有高度估计不确定性，导致特别风险。A注册会计师评价了管理层采用的计量方法，测试了基础数据，并将重大假设与相关历史数据进行了比较，并未发现重大差异，据此认为管理层的减值测试结果合理。

（3）2015年甲公司聘请XYZ咨询公司提供精算服务，并根据精算结果进行了会计处理，A注册会计师评价了XYZ咨询公司的胜任能力和专业素质，了解和评价其工作，认为可以将其工作结果作为审计证据。

（4）2014年12月，甲公司厂房发生重大火灾，管理层根据保险合同和损失情况估计和确认了应收理赔款1000万元，A注册会计师检查了保险合同和甲公司管理层编制的损失情况说明，据此认为管理层的会计估计合理。

（5）因2014年年末少计无形资产减值准备300万元，A注册会计师对甲公司2014年度财务报表发表了保留意见，甲公司于2015年处置了相关无形资产并在2015年度财务报表中确认了处置损益，A注册会计师认为导致对上期财务报表发表保留意见的事项已经解决，不影响2015年度审计报告。

要求：针对上述第（1）至（5）项，逐项指出A注册会计师做法是否恰当。如不恰当，简要说明理由。

【答案】

（1）不恰当。对具有高度估计不确定性的会计估计仅实施分析程序不够。

【提示】本题依据：审计准则第1321号应用指南第42段：

42. 对上期审计中识别出的具有高度估计不确定性的会计估计，或者自上期以来发生重大变化的会计估计，注册会计师可能认为需要进行更加详细的复核；反之，对因记录常规和重复发生交易而产生的会计估计，注册会计师可能认为运用分析程序作为风险评估程序足以实现复核目的。

（2）不恰当。对存在特别风险的会计估计，未评价管理层如何考虑替代性的假设/未评价管理层在作出会计估计时如何处理估计不确定性。

（3）不恰当。注册会计师未/应评价管理层的专家的客观性。

（4）不恰当。应当考虑从保险公司获取相关证据/应当考虑利用专家工作对损失情况进行评估。

（5）不恰当。该事项对本期财务报表影响重大，A注册会计师应当考虑该事项对2015年审计意见的影响。

2014年

ABC会计师事务所负责审计甲公司2013年度财务报表，审计项目组在审计工作底稿中记录了与公允价值和会计估计审计相关的情况，部分内容摘录如下：

（1）为确定甲公司管理层在2012年度财务报表中作出的会计估计是否恰当，审计项目组复核了甲公司2012年度财务报表中的会计估计在2013年度的结果。

（2）甲公司年末持有上市公司乙公司的流通股股票100万股，账面价值为500万元，以公允价值计量。审计项目组核对了该股票于2013年12月31日的收盘价，结果满意。

（3）甲公司持有以公允价值计量的投资性房地产。审计项目组认为该项公允价值计量不存在特别风险，无须了解相关控制，聘请 DEF 资产评估公司对该投资性房地产的公允价值进行了评估。

（4）2013 年末，甲公司针对一项未决诉讼确认了 500 万元预计负债。审计项目组作出的区间估计为 550 万元至 650 万元，据此认为预计负债存在少计 50 万元的事实错报。

（5）为减少利润总额和应纳税所得额之间的差异，甲公司自 2013 年 1 月 1 日起将固定资产折旧年限调整为税法规定的最低年限。审计项目组根据变更后的折旧年限检查了甲公司2013 年度计提的折旧额，结果满意。

（6）审计项目组向管理层获取了有关会计估计的书面声明，内容包括在财务报表中确认或披露的会计估计和未在财务报表中确认或披露的会计估计。

要求：针对上述第（1）至（6）项，逐项指出审计项目组的做法是否恰当。如不恰当，简要说明理由。

【答案】

（1）不恰当。注册会计师复核上期财务报表中会计估计的结果，是为了识别和评估本期会计估计重大错报风险而执行的风险评估程序，目的不是质疑上期依据当时可获得的信息而作出的判断。

（2）恰当。

（3）不恰当。即使不存在特别风险，注册会计师也应了解相关控制。

（4）不恰当。根据审计项目组的区间估计，只能得出错报不小于 50 万元的结论，并不能确定就是 50 万元。该错报是判断错报，不是事实错报。

（5）不恰当。管理层变更折旧年限的理由不合理。

（6）恰当。

2013 年

1. ABC 会计师事务所负责审计上市公司甲公司 2012 年度财务报表。审计项目组在审计工作底稿中记录了与关联方关系及其交易相关的审计情况，部分内容摘录如下：

（1）2012 年度甲公司向其控股股东购入一项重大业务。审计项目组认为该交易是超出正常经营过程的重大关联方交易，存在特别风险。

（2）甲公司管理层在未审财务报表附注中披露，其向关联方采购原材料的交易按照等同于公平交易中通行的条款执行。审计项目组将甲公司向关联方采购的价格与相同原材料活跃市场价格进行比较，未发现明显差异，据此认为该项披露不存在重大错报。

（3）因不拟信赖甲公司建立的与识别、记录和报告关联方关系及其交易相关的内部控制，审计项目组未了解和测试这些控制，通过实施细节测试应对相关重大错报风险。

（4）审计项目组向甲公司管理层获取了下列与关联方关系及其交易相关的书面声明：
1)已向注册会计师披露了全部已知的关联方名称；2)已按照企业会计准则的规定，对关联方关系及其交易进行了恰当的会计处理和披露；3)所有关联方交易均不涉及未予披露的"背后协议"。

（5）审计项目组注意到，甲公司2012年发生的一项重大交易的交易对手很可能是管理层未向审计项目组披露的关联方。审计项目组实施追加程序并与治理层沟通后，仍无法确定是否存在关联方关系，决定在审计报告中增加强调事项段，提请财务报表使用者关注财务报表附注中披露的该项交易。

要求：

（1）针对上述第（1）项，指出审计项目组应当采取哪些应对措施。

（2）针对上述第（2）至（5）项，逐项指出审计项目组的做法是否恰当。如不恰当，提出改进建议。

【答案】

（1）对于识别出的超出正常经营过程的重大关联方交易，注册会计师应当：1）检查相关合同或协议。在检查相关合同或协议时应当评价：交易的商业理由是否表明被审计单位从事交易的目的可能是为了对财务信息作出虚假报告或为了隐瞒侵占资产的行为；交易条款是否与管理层的解释一致；关联方交易是否已按照适用的财务报告编制基础得到恰当会计处理和披露。2）获取交易已经恰当授权和批准的审计证据。

（2）第（2）项不恰当。审计项目组还应当关注关联方交易的其他条款和条件是否与独立各方之间通常达成的交易条款相同。

第（3）项不恰当。如果管理层建立了与识别、记录和报告关联方关系及其交易相关的内部控制，审计项目组应当获取对相关控制的了解。

第（4）项不恰当。管理层书面声明还应当包括：已经向审计项目组披露了全部已知的关联方的特征、关联方关系及其交易。

第（5）项不恰当。应当考虑在审计报告中发表非无保留意见/发表保留意见。

2. ABC会计师事务所首次接受委托，对甲公司2012年度财务报表进行审计，委派A注册会计师担任项目合伙人。甲公司2011年度财务报表由XYZ会计师事务所的X注册会计师负责审计。相关事项如下：

（1）A注册会计师在接受委托前与X注册会计师进行电话沟通，询问其是否发现甲公司管理层存在正直诚信方面的问题以及与甲公司管理层在重大会计审计问题上是否存在意见分歧，并在沟通之后告知甲公司管理层。

（2）X注册会计师拒绝A注册会计师查阅其2011年度审计工作底稿，A注册会计师据此认为无法对存货的期初余额获取充分、适当的审计证据。

（3）由于无法获得甲公司持有的某联营企业相关财务信息，无法就年末长期股权投资的账面价值以及当年确认的投资收益获取充分、适当的审计证据，X注册会计师对甲公司2011年度财务报表发表了保留意见。甲公司于2012年处置了该项投资。A注册会计师认为，导致对上期财务报表发表保留意见的事项已经解决，该事项对2012年度审计意见无影响。

（4）A注册会计师发现甲公司2011年度财务报表存在一项重大错报。甲公司管理层调整了2012年度财务报表对应数据，在财务报表附注中作了充分披露，并将该事项告知X注册会计师。A注册会计师认为该问题已解决，无须实施其他程序。

要求：假定上述第(1)至(4)项均为独立事项，并且不考虑其他因素，逐项指出 A 注册会计师的处理是否恰当。如不恰当，简要说明理由。

【答案】

第(1)项，不恰当。与前任注册会计师的沟通需要事先征得被审计单位的同意。还应当与前任注册会计师沟通：向被审计单位治理层通报的管理层舞弊、违反法律法规行为和值得关注的内部控制缺陷，以及前任注册会计师认为导致被审计单位变更会计师事务所的原因。

第(2)项，不恰当。除查阅前任注册会计师的审计工作底稿外，可以实施其他追加的审计程序以获得期初存货的相关证据。

第(3)项，不恰当。由于无法获取该项股权投资的财务信息，无法知悉其对 2012 年度年初未分配利润和 2012 年度投资收益的影响，因此该事项属于导致对上期财务报表发表保留意见的事项对本期仍有重大影响，且对对应数据的可比性存在影响，应当发表保留意见。

第(4)项，恰当。

2012 年

混合型简答题

(改)A 注册会计师负责审计上市公司甲公司 2011 年度财务报表，审计完成阶段的部分工作底稿内容摘录如下：

(1)甲公司持续经营假设适当但存在重大不确定性，财务报表附注中对此未作充分披露，拟在审计报告中增加"与持续经营相关的重大不确定性"事项段。

(2)发现含有已审计财务报表的公司年度报告中披露的年度营业收入总额与已审计财务报表中列示的营业收入金额存在重大不一致，并确定需要修改公司年度报告而非已审计财务报表，管理层拒绝修改公司年度报告。A 注册会计师认为，上述情形不会影响审计意见，因此无须采取任何行动。

(3)甲公司 2010 年度财务报表经其他会计师事务所审计并发表了无保留意见。A 注册会计师拟在审计报告中增加其他事项段说明该事项。

要求：

(1)针对上述第(1)和(2)项，分别指出 A 注册会计师采取的应对措施是否恰当。如不恰当，简要说明正确的应对措施。

(2)针对上述第(3)项，指出 A 注册会计师应在其他事项段中说明的内容。

【答案】

(1)①不恰当。财务报表附注未作充分披露，应当发表保留或否定意见。

②不恰当。注册会计师应当考虑对审计报告的影响，并与治理层进行沟通。可在审计报告中指明其他信息存在重大错报。在少数情况下，当拒绝更正其他信息的重大错报导致对管理层和治理层的诚信产生怀疑，进而质疑审计证据总体上的可靠性时，对财务报表发表无法表示意见可能是恰当的。在相关法律法规允许的情况下，解除业务约定。

(2)上期财务报表已由其他会计师事务所审计；前任注册会计师发表的意见类型；前任注册会计师出具审计报告的日期。

预测1

甲公司为 ABC 会计师事务所的常年审计客户，其 2018 年度财务报表继续委托 ABC 会计师事务所审计。审计项目组在审计工作底稿中记录了本期审计相关的情况，部分内容摘录如下：

（1）通过以往对甲公司的了解，发现甲公司的内部控制运行有效，认为甲公司的重大错报风险较低，本年度拟不再对甲公司及其环境进行了解，直接实施进一步审计程序。

（2）由于甲公司管理层已经按照适用的财务报告编制基础对具有特别风险的会计估计进行了披露，A 注册会计师认为结果满意，未实施其他审计程序。

（3）甲公司有一项使用寿命有限的无形资产，在预计其使用寿命、残值、摊销方法时采用的重大假设具有高度不确定性，导致特别风险。A 注册会计师在去年已经测试与该无形资产会计估计相关的控制，得出控制有效的结论。鉴于控制未发生任何变化，A 注册会计师在本年的审计中，拟利用去年的控制有效性的结论。

（4）A 注册会计师在审计过程中发现，甲公司上期适用的会计政策与本期不一致，实施审计程序后，证实甲公司改变会计政策存在合理理由，A 注册会计师提请甲公司针对该事项进行充分披露，甲公司已按要求披露，A 注册会计师认为结果满意。

（5）在审计持续经营时，发现甲公司持续经营假设运用恰当，但导致对持续经营能力产生重大疑虑的事项仍存在重大不确定性，财务报表已对重大不确定性作出充分披露。注册会计师将这一情况记录于审计工作底稿中，并拟在审计报告的关键审计事项部分进行描述。

要求：针对上述第(1)至(5)项，逐项指出 A 注册会计师的做法是否恰当。如不恰当，说明理由。

【答案】

（1）不恰当。对被审计单位及其环境进行了解是必须要执行的程序。

（2）不恰当。注册会计师还应确定披露的充分性。

（3）不恰当。针对特别风险的控制运行有效性的审计证据，必须来自于当年。／对于旨在减轻特别风险的控制，注册会计师不应依赖以前审计获取的证据。

（4）恰当。

（5）不恰当。可能导致对被审计单位持续经营能力产生重大疑虑的事项或情况存在重大不确定性，就其性质而言属于关键审计事项，但是该事项不得在审计报告的关键审计事项部分进行描述，而是在"与持续经营相关的重大不确定性"段落中单独描述。

预测2

ABC 会计师事务所负责审计上市公司甲公司 2018 年度财务报表。审计项目组在审计工作底稿中记录了与关联方关系及其交易相关的审计情况，部分内容摘录如下：

（1）审计项目组发现甲公司为其全资子公司乙公司担保了一笔大额银行贷款，抵押物是甲公司的固定资产。审计项目组将其识别为超出被审计单位正常经营过程的重大关联方交易，因而将该交易导致的重大错报风险确定为特别风险。

（2）经了解，审计项目组认为关联方交易和余额的错报风险比较高，因此直接假定所有的关联方交易和余额均存在重大错报风险，对所有的关联方交易实施实质性程序予以应对，因此无需对甲公司建立的与识别、记录和报告关联方关系及其交易相关的内部控制进行了解和测试。

（3）P公司是甲公司的母公司，相关合同明确规定P公司向甲公司提供部分原材料。2015年2月，甲公司向P公司预付购买材料款项5000万元，截至2017年末P公司尚未交货。2018年1月31日，双方终止该采购合同。审计项目组提示甲公司，尽快收回该预付款项，未实施其他程序。

（4）审计项目组针对关联方的事项仅向甲公司管理层和治理层获取了甲公司已经披露了全部已知的关联方名称和特征、关联方关系及其交易的书面声明。

（5）2018年12月20日，甲公司营业收入明细账显示，甲公司有多批大额的销货业务，审计项目组追踪交易流程，发现均是与合营企业丙公司之间的交易，但是丙公司未列入甲公司提供给审计项目组的关联方清单中。

要求：

（1）针对上述第（1）至（4）项，逐项指出审计项目组的做法是否恰当。如不恰当，提出改进建议。

（2）针对上述第（5）项，指出审计项目组应当采取哪些应对措施。

【答案】

针对要求（1）：

（1）恰当。

（2）不恰当。注册会计师应当实施风险评估程序和相关活动，识别和评估与关联方关系及其交易的重大错报风险。同时，注册会计师应当了解和评价与关联方关系和交易相关的内部控制。

（3）不恰当。P公司（甲公司的母公司）可能为了实现大股东无偿占用上市公司资金的目的，与甲公司串通舞弊进行虚假交易。该交易属于超出正常经营过程的重大关联方交易，审计项目组应当检查相关合同或协议，评价和确认：①交易的商业理由；②交易条款是否与管理层的解释一致；③关联方交易是否已按照适用的财务报告编制基础得到恰当会计处理和披露。此外，还应获取交易已经恰当授权和批准的审计证据。

（4）不恰当。注册会计师还应当获取甲公司已经按照企业会计准则的规定，对关联方关系及其交易进行了恰当的会计处理和披露的书面声明。

针对要求（2）：

针对审计项目组识别的管理层以前未披露的关联方关系及重大关联方交易的应对措施主要有：

①立即将相关信息向审计项目组其他成员通报；

②在适用的财务报告编制基础对关联方作出规定的情况下，要求管理层识别与新识别出

的关联方之间发生的所有交易，以便注册会计师作出进一步评价，并询问与关联方关系及其交易相关的控制为何未能识别或披露该关联方关系或交易；

③对新识别出的关联方或重大关联方交易实施恰当的实质性程序；

④重新考虑可能存在管理层以前未识别出或未向注册会计师披露的其他关联方或重大关联方交易的风险，如有必要，实施追加的审计程序；

⑤如果管理层不披露关联方关系或交易看似是有意的，因而显示可能存在由于舞弊导致的重大错报风险，评价这一情况对审计的影响。注册会计师因此还可能考虑是否有必要重新评价管理层对询问的答复以及管理层声明的可靠性。

预测 3

ABC 会计师事务所接受委托，对甲公司 2018 年度财务报表进行审计，委派 A 注册会计师担任项目合伙人。审计工作底稿记载了 A 注册会计师对甲公司持续经营假设相关事项的考虑和决策。部分事项摘录如下：

（1）注册会计师对持续经营假设的责任是对持续经营能力作出评估，并就持续经营能力是否存在重大不确定性得出结论。

（2）由于甲公司现有的产品失去市场竞争力，但无法获得开发必要的新产品或所需的资金，A 注册会计师认为该情况对甲公司的持续经营能力产生重大影响。

（3）针对甲公司无法偿还一项已到期到债务，A 注册会计师认为这可能表明甲公司存在因持续经营问题导致的重大错报风险，并且该项风险与财务报表整体广泛相关，并非仅限于相关的负债项目。

（4）A 注册会计师从以下方面评价了管理层针对自资产负债表日起未来 12 个月对其持续经营能力所作的评估：1）管理层作出评估时遵循的程序；2）管理层评估时所依据的假设。

（5）对于超出管理层评估期间并可能导致对被审计单位持续经营能力产生重大疑虑的事项或情况，A 注册会计师仅实施了询问程序。除此之外，没有实施其他任何审计程序。

（6）考虑到甲公司同时存在的导致对持续经营假设产生重大疑虑的多项高度不确定性事项，A 注册会计师拟在审计报告的意见段后增加以"与持续经营相关的重大不确定性"为标题的单独部分，提醒财务报表使用者关注持续经营假设的高度不确定性。

要求：分别针对上述各种事项，不考虑其他情况，指出 A 注册会计师对与持续经营假设相关的事项或情况的考虑或处理是否存在不当之处。如存在不当之处，简要说明理由。

【答案】

（1）不恰当。注册会计师的责任是就管理层在编制和列报财务报表时运用持续经营假设的适当性获取充分、适当的审计证据，而不是直接对持续经营能力作出评估。

（2）恰当。

（3）恰当。

（4）不恰当。A 注册会计师还应当评估管理层的未来应对计划以及管理层的计划在当前情况下是否可行。

（5）恰当。

(6)不恰当。注册会计师应当考虑发表无法表示意见，而不是在审计报告中增加以"与持续经营相关的重大不确定性"为标题的单独部分。

预测 4

ABC 会计师事务所负责审计上市公司甲公司 2018 年度财务报表。审计项目组在审计工作底稿中记录了与持续经营假设相关的审计情况，部分内容摘录如下：

(1)审计项目组识别到甲公司存在导致不再持续经营的未来事项或情况，如果注册会计师未在审计报告中提及持续经营的不确定性，则说明甲公司持续经营能力不存在疑虑。

(2)审计项目组发现，甲公司管理层缺乏详细分析以支持其评估，因此管理层评估持续经营能力涵盖的期间是自财务报表日起的十一个月，审计项目组认为评估接近十二个月，甲公司持续经营假设合理。

(3)审计项目组发现甲公司持续经营假设适当但存在重大不确定性，财务报表附注中对此未作充分披露，审计项目组拟在审计报告中增加其他事项段，提醒财务报表使用者关注。

(4)审计项目组发现甲公司已连续三个会计年度发生巨额亏损，主要财务指标显示其财务状况严重恶化，巨额逾期债务无法偿还，且存在巨额对外担保。截至审计报告日，甲公司管理层在其书面评价中表示已开始采取包括债务重组、资产置换在内的多项措施；但由于该等措施正处于实施初期，审计项目组无法获取充分、适当的审计证据以确证其能否有效改善甲公司的持续经营能力，甲公司管理层对该情况在财务报表附注中进行了充分披露。审计项目组对 2018 年甲公司财务报表出具了增加"与持续经营相关的重大不确定性"事项段的无保留意见的审计报告。

(5)审计项目组发现，截至 2018 年 12 月 31 日，甲公司当年发生净亏损 800 万元，该公司流动负债高于资产总额 100 万元。甲公司采取了恰当措施，可以改变目前亏损状况，甲公司已经在财务报表附注对此进行了充分披露，说明了甲公司存在的重大不确定事项。审计项目组认为甲公司持续经营假设是合理的。

要求：

(1)针对上述第(1)至(4)项，单独考虑每个事项，分别指出审计项目组的做法是否恰当。如不恰当，简要说明理由。

(2)针对上述第(5)项，单独考虑该事项，指出注册会计师是否应当对此在审计报告中增加以"与持续经营相关的重大不确定性"为标题的单独部分，并简要说明理由。如果应当增加，请续写以"与持续经营相关的重大不确定性"为标题的单独部分。

【答案】

(1)事项(1)不恰当。如果审计项目组识别到甲公司存在导致不再持续经营的未来事项或情况，审计的固有限制对注册会计师发现重大错报能力的潜在影响会加大。注册会计师不能对这些持续经营能力的未来事项或情况作出预测，即使注册会计师未在审计报告中提及持续经营的不确定性，不能被视为对甲公司持续经营能力的保证。

事项(2)不恰当。在某些情况下，即使管理层缺乏详细分析以支持其评估，并不妨碍注册会计师确定管理层运用持续经营假设是否适合具体情况；审计项目组应当要求管理层延长评估持续经营能力涵盖的期间，管理层对持续经营能力的合理评估期间应是自财务报表日起的下一个会计期间(至少12个月)。

事项(3)不恰当。甲公司未在财务报表附注中充分披露持续经营假设存在的重大不确定性，审计项目组应当发表保留或否定意见。

事项(4)不恰当。甲公司存在多项对财务报表整体具有重要影响的重大不确定性时，审计项目组可能认为发表无法表示意见是适当的。

(2)注册会计师应当在形成审计意见的基础段后增加以"与持续经营相关的重大不确定性"为标题的单独部分。

理由：甲公司采取了恰当的措施来改变目前亏损状况，所以审计项目组可以认为甲公司持续经营假设是合理的，尽管甲公司存在未来重大不确定事项，但是甲公司已经在财务报表附注中进行了恰当披露。

以"与持续经营相关的重大不确定性"为标题的单独部分如下：

与持续经营相关的重大不确定性

我们提醒财务报表使用者关注，如财务报表附注×所述，截至2018年12月31日，甲公司当年发生净亏损800万元，在2018年12月31日，该公司流动负债高于资产总额100万元。这些情况表明存在可能导致对该公司持续经营能力产生重大疑虑的重大不确定性。甲公司采取了恰当的措施，可以改变目前亏损状况，甲公司已经在财务报表附注中对此进行了充分披露。本段内容不影响已发表的审计意见。

预测 5

A注册会计师是甲公司2018年度财务报表审计业务的项目合伙人。在审计过程中，A注册会计师需要针对与甲公司持续经营能力相关的事项开展审计工作。部分情况如下：

(1)A注册会计师在与项目组成员进行讨论时强调，对甲公司持续经营能力进行评估是项目组成员履行审计责任的需要。

(2)获悉某信用评级机构近期可能降低甲公司的信用评级，A注册会计师据此认为甲公司持续经营假设存在重大不确定性。

(3)甲公司在拟定针对持续经营假设重大不确定性的未来应对计划时，依据了2018年度毛利率大幅增长的预期，X注册会计师以该预期与增长率的历史证据不符为由，对其应对计划表示质疑。

(4)基于甲公司持续经营假设存在的重大不确定性，A注册会计师评估营业收入发生认定存在较高的重大错报风险。

(5)评价甲公司编制的预测和预算是X注册会计师获取与持续经营假设相关的审计证据的重要程序。A注册会计师在评价时特别关注预测是否存在管理层偏向，是否考虑了潜在的收入下滑。

(6)为识别是否存在2019年12月31日以后对甲公司持续经营能力产生重大疑虑的事项或情况，A注册会计师认为必须实施询问、检查和观察等审计程序。

要求：针对上述第(1)～(5)项，不考虑其他情况，逐项指出是否恰当。如不恰当，简要说明理由。

【答案】

（1）不恰当。对被审计单位的持续经营能力进行评估是管理层的责任。

（2）不恰当。存在导致对甲公司持续经营能力产生疑虑的迹象并不意味着持续经营假设存在重大不确定性。注册会计师应当针对存在的迹象实施追加的审计程序。

（3）恰当。

（4）不恰当。持续经营假设的重大不确定性直接导致财务报表层次的重大错报风险。

（5）恰当。

（6）不恰当。除询问管理层外，注册会计师没有责任实施其他任何审计程序，以识别超出管理层评估期间并可能导致对被审计单位持续经营能力产生重大疑虑的事项或情况。

预测 6

注册会计师于 2019 年 3 月 20 日完成了对甲公司 2018 年度财务报表的审计工作，甲公司于 3 月 30 日将已审计财务报表与审计报告一同对外公布。

（1）3 月 31 日甲公司发生火灾，两个存放产成品的仓库均遭受大火焚烧，大火扑灭后完整的存货仅存 5%，损失重大。

（2）4 月 5 日，乙公司因货物质量问题全部退回了上月从甲公司购买的一批商品。

（3）3 月 18 日，法院判决甲公司因上年的技术侵权案应向丙公司支付 1500 万元的赔款。

（4）甲公司内部审计人员于 4 月 1 日发现 2018 年已审财务报表中存在 1000 万元的重大错报，并向甲公司最高领导层做了汇报。

要求：

（1）假定注册会计师在 2019 年 4 月 14 日获知了甲公司发生的上述（1）～（3）事项，注册会计师是否应当采取相应的行动？

（2）如果注册会计师在 2019 年 4 月 10 日获知了事项（4）中财务报表存在的重大错报，请写出甲公司管理层修改了该财务报表和未采取任何措施时，注册会计师分别应当采取的措施有哪些？

【答案】

（1）①针对事项（1）无需采取行动。该事项在审计报告日不存在，不属于需要调整的事项。

②针对事项（2）无需采取行动。该事项在审计报告日不存在，不属于需要调整的事项。

③针对事项（3）需要采取行动。该事项不仅在审计报告日存在，而且如果在审计报告日前获知很可能改变注册会计师的审计意见，因此注册会计师需要采取行动。

（2）如果管理层修改了财务报表，注册会计师应当采取的措施有：

①根据具体情况对有关修改实施必要的审计程序；

②复核管理层采取的措施能否确保所有收到原财务报表和审计报告的人士了解这一情况；

③延伸实施审计程序，并针对修改后的财务报表出具新的审计报告；

④在特殊情况下，修改审计报告或提供新的审计报告。

如果管理层没有采取必要措施确保所有报表使用者知悉，也没作出必要的修改，注册会计师应设法防止财务报表使用者信赖该报表；若注册会计师已经通知管理层或治理层，但管理层或治理层没有采取必要措施，注册会计师应采取适当措施，设法防止财务报表使用者信赖该审计报告。

预测 7

ABC 会计师事务所首次接受甲公司委托审计其 2018 年财务报表，委派 A 注册会计师作为项目合伙人。审计工作底稿中记录了如下事项：

(1)由于甲公司在业内的声誉良好，在接受委托前，A 注册会计师未与前任注册会计师取得沟通，直接接受了该项业务委托。

(2)A 注册会计师将其在审计过程中发现的所有内部控制缺陷以书面形式与甲公司治理层进行了沟通。

(3)审计项目组成员 B 注册会计师的父亲受他人馈赠获得甲公司股票 500 股，市值 26860 元，A 注册会计师在得知这一情况后，及时与甲公司治理层进行了电话沟通。

(4)在对持续经营能力进行审计时，甲公司管理层不愿意按照要求对持续经营能力进行评估，A 注册会计师就该问题与治理层进行了沟通。

(5)在对存货项目进行审计时，A 注册会计师直接与前任注册会计师进行了沟通，并查阅了前任注册会计师与存货审计相关的工作底稿。

要求：针对下列第(1)至(5)项，逐项指出 A 注册会计师的做法是否恰当。如不恰当，简要说明理由。

【答案】
(1)不恰当。接受委托前的沟通是必要的审计程序。
(2)不恰当。报告的事项仅限于注册会计师认为足够重要从而值得向治理层报告的缺陷。
(3)不恰当。对于注册会计师的独立性，注册会计师应当以书面形式与治理层沟通。
(4)恰当。
(5)不恰当。在接受委托后与前任注册会计师进行沟通时也需要征得被审计单位的同意。

预测 8

(专题八混合型预测题)

ABC 会计师事务所于 2018 年 11 月首次接受甲公司年度财务报表的审计委托，A 注册会计师任项目合伙人。审计工作底稿中记录的相关情况如下：

(1)甲公司规定在编制财务报表前由仓储经理根据存货品质状况估计存货跌价准备，报财务部门备案。A 注册会计师认为该项内部控制设计合理。

(2)甲公司运用本公司开发的模型计提在建工程减值准备，A 注册会计师据此评估该项会计估计的重大错报风险为低水平。

(3)甲公司 2018 年 12 月报废的一套生产设备的实际使用年限与预期使用年限相差半年，但 A 注册会计师不认为该差异必然表明财务报表存在重大错报。

(4)评估与关联方交易相关的重大错报风险时，A 注册会计师将识别出的、超出甲公司正常经营过程的重大关联方交易导致的风险确定为特别风险。

（5）在识别与关联方交易相关的舞弊风险因素时，A注册会计师拟重点考虑甲公司与具有支配性影响的关联方之间发生的交易。

（6）公司社会责任报告通常不是组成年度报告的系列文件的一部分，因此注册会计师无需作为其他信息进行关注。

（7）对于识别出的超出正常经营过程的重大关联方交易，注册会计师检查了相关合同或协议，并评价了交易的商业理由是否表明交易的目的是为了对财务信息作出虚假报告或为了隐瞒侵占资产的行为。

要求：

（1）针对上述情况第（1）-（6）项，逐项指出A注册会计师的做法中是否恰当，并简要说明理由。

（2）针对情况（7），指出A注册会计师还应当从哪些方面进行评价。

【答案】

（1）

情况（1）不恰当。存货品质状况直接涉及到仓储部门的业绩，由仓储经理根据存货品质状况估计存货跌价准备，不相容职务没有分离，表明内部控制设计不合理。

情况（2）不恰当。如果管理层作出会计估计时采用了内部开发的模型，可能有高度不确定性的，则可能存在更大的重大错报风险。

情况（3）恰当。会计估计的结果与财务报表中原来已确认或披露的金额存在差异，并不必然表明财务报表存在错报。

情况（4）恰当。超出被审计单位正常经营过程的重大关联方交易属于非常规交易。特别风险通常与非常规交易和判断事项相关。

情况（5）恰当。存在支配性影响的情况下，具有支配性影响一方凌驾于被支配一方内部控制之上的风险大大增加，为舞弊提供了机会。

情况（6）恰当。其他信息是指在被审计单位年度报告中包含的除财务报表和审计报告以外的财务信息和非财务信息。有些报告如作为独立的文件发布，通常不是组成年度报告的系列文件的一部分。公司社会责任报告作为独立发布的文件，不属于年度报告。

（2）注册会计师还应当评价相关交易条款是否与管理层的解释一致；关联方交易是否已按照适用的财务报告编制基础得到恰当会计处理和披露。

专题七　内部控制审计

考点梳理

内部控制审计要关注三个文件：《企业内部控制审计指引》《企业内部控制审计指引实施意见》《企业内部控制审计问题解答》。

押题点① 内部控制审计意见覆盖的范围

（1）针对财务报告内部控制，注册会计师对其有效性发表审计意见；

（2）针对非财务报告内部控制，注册会计师对内部控制审计过程中注意到的非财务报告内部控制的重大缺陷，在内部控制审计报告中增加"非财务报告内部控制重大缺陷描述段"予以披露。

注册会计师执行的内部控制审计严格限定在财务报告内部控制审计。

押题点② 基准日

注册会计师对特定基准日内部控制的有效性发表意见，并不意味着注册会计师只测试基准日这一天的内部控制，而是需要考察足够长一段时间内部控制设计和运行的情况。

押题点③ 测试内部控制的有效性

（1）控制测试的性质：询问、观察、检查和重新执行；

（2）控制测试的时间安排：应当在下列两个因素之间作出平衡：①尽量在接近基准日实施测试；②实施的测试需要涵盖足够长的期间。

整合审计的时间安排：在整合审计中，控制测试所涵盖的期间应当尽量与财务报表审计中拟信赖内部控制的期间保持一致。

（3）控制测试的范围：

测试人工控制的最小样本规模区间，如表7所示：

表7 测试人工控制的最小样本规模区间

控制运行频率	控制运行的总次数	测试的最小样本规模区间
每年1次	1	1
每季1次	4	2
每月1次	12	2~5
每周1次	52	5~15
每天1次	250	20~40
每天多次	大于250次	25~60

如果由多个人员执行同一控制，应当分别确定总体，针对每个人员确定样本规模。如果由统一的财务主管复核，通过了解和评价财务主管的复核控制，可以保证经复核的控制是同质的，则可以将2个人执行的控制作为1个总体。

押题点④ 控制测试发现偏差后的做法与结论

（1）由于有效的内部控制不能为实现控制目标提供绝对保证，单项控制并非一定要毫无偏差地运行，才被认为有效。

（2）当测试发现一项控制偏差，且该偏差不是系统性偏差时，注册会计师可以扩大样本规模进行测试。如果测试后再次发现偏差，则注册会计师可以得出该控制无效的结论；如果扩大样本规模没有再次发现偏差，则注册会计师可以得出控制有效的结论。

押题点 ⑤ 控制缺陷的评价

在计划和实施审计工作时，不要求注册会计师关注单独或组合起来不构成重大缺陷的控制缺陷。

控制缺陷的严重程度与错报是否发生无关，而取决于控制不能防止或发现并纠正错报的可能性的大小。

押题点 ⑥ 内部控制的整改

如果被审计单位在基准日前对存在缺陷的控制进行了整改，整改后的控制需要运行足够长的时间，才能使注册会计师得出其是否有效的审计结论，否则将其视为内部控制在基准日存在重大缺陷。

整改后控制运行的最短期间（或整改后控制的最少运行次数）以及最少测试数量，如表8所示：

表8　整改后控制运行的最短期间（或最少运行次数）和最少测试数量

控制运行频率	整改后控制运行的最短期间或最少运行次数	最少测试数量
每季1次	2个季度	2
每月1次	2个月	2
每周1次	5周	5
每天1次	20天	20
每天多次	25次（分布于涵盖多天的期间，通常不少于15天）	25

押题点 ⑦ 出具内部控制审计报告

只有在审计范围没有受到限制时，注册会计师才能对内部控制的有效性形成意见。

1. 审计范围受限时——解除业务约定或出具无法表示意见
2. 财务报告内部控制存在一项或多项重大缺陷时——出具否定意见

对财务报表审计意见的影响：

（1）如果拟对内部控制的有效性发表否定意见，在财务报表审计中，注册会计师不应依赖存在重大缺陷的控制，需要实施实质性程序确定与该控制相关的账户是否存在重大错报。

（2）如果实施实质性程序的结果表明该账户不存在重大错报，注册会计师可以对财务报表发表无保留意见。在这种情况下，注册会计师应当确定该意见对财务报表审计意见的影响，并在内部控制审计报告中予以说明。

（3）无论对财务报表发表的审计意见是否受到影响，注册会计师均应当在内部控制审计报告的导致否定意见的事项段中增加说明，说明在财务报表审计中，已经考虑了重大缺陷对审计程序的性质、时间安排和范围的影响。

3. 增加强调事项段的情形

(1)如果注册会计师知悉在基准日并不存在、但在期后期间发生的事项，且这类期后事项对内部控制有重大影响；

(2)如果确定企业内部控制评价报告对要素的列报不完整或不恰当；

(3)如果法律法规的相关豁免规定允许被审计单位不将某些实体纳入内部控制的评价范围，注册会计师可以不将这些实体纳入内部控制审计的范围，这种情况不构成审计范围受到限制，但应当在内部控制审计报告中增加强调事项段，或者在注册会计师的责任段中作出恰当陈述。

【拓展】期后事项对内部控制审计报告的影响(摘自《企业内部控制审计指引实施意见》)

(1)如果知悉对基准日内部控制有效性有重大负面影响的期后事项——否定意见；

(2)如果不能确定期后事项对内部控制有效性的影响程度——无法表示意见；

(3)知悉在基准日并不存在、但在期后期间发生的事项，且这类期后事项对内部控制有重大影响：增加强调事项段。

4. 非财务报告内部控制重大缺陷——增加非财务报告内部控制重大缺陷描述段

【提示】内部控制审计报告不存在保留意见的意见类型。(摘自《企业内部控制审计问题解答》)

2019年 预测题

预测 1

ABC会计师事务所承接了甲公司内部控制审计业务，在执行的过程中，项目组成员有如下观点：

(1)总体审计策略用以总结计划阶段的成果，确定审计的范围、时间和方向，并指导具体审计计划的制定，总体审计策略包括了解和识别内部控制的程序的性质、时间安排和范围。

(2)当甲公司采用集中化的系统为多个组成部分执行重要流程时，项目组认为需要在每个重要的经营场所或业务单位选取一笔交易或事项实施穿行测试。

(3)在确定是否测试某项控制时，项目组应当考虑该项控制单独或连同其他控制，是否足以应对评估的某项相关认定的错报风险，而不论该项控制的分类和名称如何。

(4)因为对控制有效性测试的实施时间越接近基准日，提供的控制有效性的审计证据越有力，项目组选择获取内部控制在基准日之前一周内有效运行的审计证据。

(5)在承接甲公司内部控制审计和财务报表审计的整合审计中，项目组在完成内部控制审计和财务报表审计后，应当分别对内部控制和财务报表出具审计报告，并分别签署审计工作完成的日期。

要求：请根据内部控制审计相关指引的规定，逐项指出第(1)至(5)项的观点是否恰当，如不恰当，请简要说明理由。

【答案】

(1)不恰当。了解和识别内部控制的程序的性质、时间安排和范围属于具体审计计划的内容。

（2）不恰当。一般而言，对每个重要流程，选取一笔交易或事项实施穿行测试即可。如果被审计单位采用集中化的系统为多个组成部分执行重要流程，则可能不必在每个重要的经营场所或业务单位选取一笔交易或事项实施穿行测试。

（3）恰当。

（4）不恰当。为了获取充分、适当的审计证据，注册会计师应当在下列两个因素之间作出平衡，以确定测试的时间：尽量在接近基准日实施测试；实施的测试需要涵盖足够长的期间。

（5）不恰当。在整合审计中，注册会计师在完成内部控制审计和财务报表审计后，应当在内部控制审计报告和财务报表审计报告中签署相同的日期。

预测 2

ABC 会计师事务所接受甲公司委托为其进行整合审计。注册会计师确定的财务报表整体重要性水平为 2000 万元，实际执行的重要性水平为 1000 万元。项目组成员有如下观点：

（1）在执行内部控制审计时，对于内部控制中可能存在重大缺陷的领域，选择在期中测试内部控制，并增加相关内部控制的控制测试量。

（2）在采用自上而下的方法执行内部控制审计时，识别并选取了能够充分应对重大错报风险的控制，项目组认为不需要再测试针对同样认定的其他控制。

（3）甲公司财务人员每月与前 25 名主要客户对账，如有差异进行调查。项目组以与各主要客户的每次对账为抽样单元，采用非统计抽样测试该控制，确定控制运行频率是每月 1 次，最小样本规模区间是 2~5 次。

（4）项目组成员在对月度银行对账进行控制测试时，发现有两笔银行对账没有完全完成，存在重大的未对账差异 200 万元，且差异存在已超过 1 年。经过与甲公司治理层沟通，甲公司在 2018 年 12 月 31 日前对该重大缺陷进行了整改，但尚没有运行，项目组认为在基准日前已经整改，不再将其视为重大缺陷。

（5）审计项目组在实施审计工作的基础上对内部控制的有效性发表审计意见，并对建立健全和有效实施内部控制承担责任。

（6）注册会计师应当进行风险评估，并判断是否在内部控制审计工作中利用企业内部审计人员、内部控制评价人员和其他相关人员的工作以及可利用程度，相应减少可能由注册会计师执行的工作。对相关人员工作的利用可以减轻注册会计师对审计意见的责任。

要求：请根据内部控制审计相关指引的规定，逐项指出第（1）至（6）项的观点是否恰当，如不恰当，请简要说明理由。

【答案】

（1）不恰当。对于内部控制可能存在重大缺陷的领域，注册会计师应在接近内部控制评价基准日的时间测试内部控制，而不是在期中测试。

（2）恰当。

（3）不恰当。每月与前 25 名主要客户对账，每年的对账次数为 300 次，当控制发生总次数大于 250 次时，对应的控制执行频率是每日数次，测试的最小样本规模区间是 25~60。

（4）不恰当。如果被审计单位在基准日前对存在重大缺陷的内部控制进行了整改，但新控制尚没有运行足够长的时间，注册会计师应当将其视为内部控制在基准日存在重大缺陷。

（5）不恰当。建立健全和有效实施内部控制，评价内部控制的有效性是企业管理层的责任。

（6）不恰当。注册会计师对发表的审计意见独立承担责任，其责任不因为利用企业内部审计人员、内部控制评价人员和其他相关人员的工作而减轻。

专题 八 审计抽样方法

考点梳理

押题点 ① 审计抽样的相关概念

1. 审计抽样应具备的三个基本特征：
（1）对低于百分百的项目实施审计程序；
（2）所有抽样单元都有被选取的机会；
（3）可以由样本结果推断出总体结论。

2. 抽样风险与非抽样风险

（1）抽样风险：与样本规模有关的风险。控制测试和细节测试中抽样风险的种类以及对审计工作的影响，见表 9：

表 9　控制测试和细节测试中抽样风险的种类以及对审计工作的影响

审计测试	抽样风险种类	对审计工作的影响
控制测试	信赖过度风险[坏人当好人]	影响效果
	信赖不足风险[好人当坏人]	影响效率
细节测试	误受风险[坏人当好人]	影响效果
	误拒风险[好人当坏人]	影响效率

【提示】两种测试中的非抽样风险对审计效率、审计效果都有影响

（2）非抽样风险：与样本规模无关的风险。

4. 统计抽样必须同时满足：
（1）随机选取样本项目；
（2）运用概率论评价样本结果，包括计量抽样风险。

5. 属性抽样和变量抽样
（1）属性抽样：用于控制测试，对总体偏差率得出结论。

（2）变量抽样：用于细节测试，对总体错报得出结论。

【提示】有一个例外，即货币单元抽样，运用的是属性抽样得出以金额表示的结论。

押题点 ② 审计抽样在控制测试中的应用

一、样本设计阶段

（1）确定测试目标；

（2）定义总体；

（3）定义抽样单元；

（4）定义偏差构成条件；

（5）定义测试期间。

二、选取样本阶段

1. 确定样本规模

（1）定性

影响控制测试样本规模的因素：可接受的信赖过度风险、可容忍偏差率、预计总体偏差率、总体规模、其他因素。

（2）定量

测试运行频率较低的内部控制的有效性所需的样本规模，见表10：

表10　测试运行频率较低的内部控制有效性的样本规模表

控制运行频率和总体的规模	测试的样本数量
1次/季度（4）	2
1次/月度（12）	2～5
1次/半月（24）	3～8
1次/周（52）	5～15

①统计抽样。

控制测试统计抽样样本规模表

表中变量：信赖过度风险、预计总体偏差率、可容忍偏差率。

②非统计抽样。

定性估计、运用职业判断确定。

2. 确定抽样方法

（1）统计抽样：简单随机选样、系统选样。

（2）非统计抽样：简单随机选样、系统选样、随意选样。

三、评价样本结果阶段

1. 计算样本偏差率

2. 考虑抽样风险

（1）统计抽样

①公式法：总体偏差率上限（MDR）＝R/n＝风险系数/样本量。

②查表法：控制测试中统计抽样结果评价表。

表中变量：信赖过度风险、样本规模、实际发现的偏差数

（2）非统计抽样

样本偏差率 VS 可容忍偏差率

押题点 ③ 审计抽样在细节测试中的运用

一、样本设计阶段

（1）确定测试目标；

（2）定义总体；

（3）定义抽样单元；

（4）界定错报。

二、选取样本阶段

1. 确定样本规模

（1）定性。

影响细节测试样本规模的因素：可接受的误受风险、可容忍错报、预计总体错报、总体规模、总体的变异性。

（2）定量。

①统计抽样：

A. 货币单元抽样样本量的确定

a. 查表法——细节测试货币单元抽样样本规模

影响因素：误受风险、预计总体错报与可容忍错报之比、可容忍错报与总体账面金额之比

b. 公式法：样本规模＝总体账面金额/可容忍错报×保证系数

B. 传统变量抽样样本量的确定

a. 计算机程序

b. 细节测试货币单元抽样样本规模表

②非统计抽样：

a. 查表法：细节测试货币单元抽样样本规模表

b. 公式法：样本规模＝总体账面金额/可容忍错报×保证系数

但计算出来的结果可能需要将样本规模调增50%。

2. 确定抽样方法

（1）统计抽样：简单随机选样、系统选样。

（2）非统计抽样：简单随机选样、系统随机选样、随意选样。

三、评价样本结果阶段

（一）推断总体的错报

1. 使用货币单元抽样法推断总体错报

（1）如果逻辑单元的账面金额大于或等于选样间隔，推断的错报就是该逻辑单元的实际错报金额；

（2）如果逻辑单元的账面金额小于选样间隔，注册会计师首先计算存在错报的所有逻辑单元的错报百分比，这个百分比就是整个选样间隔的错报百分比，再用这个错报百分比乘以选样间隔，得出推断错报的金额。

2. 使用传统变量抽样推断总体错报（均值法、比率法、差额法）

（二）考虑抽样风险

1. 统计抽样考虑抽样风险

（1）货币单元抽样考虑抽样风险

第一组是账面金额大于或等于选样间隔的逻辑单元，注册会计师计算出该组项目的事实错报；

第二组是账面金额小于选样间隔的逻辑单元，无论该组项目的错报百分比是否为100%，注册会计师都先计算出各项目的推断错报，再将所有推断错报按金额降序排列后，分别乘以对应的保证系数增量，并将计算结果累计起来。用这个累计结果加上基本精确度，再加上第一组项目中的事实错报，就是最终总体错报的上限。

（2）传统变量抽样考虑抽样风险：无需掌握。

2. 非统计抽样考虑抽样风险（职业判断，教材未明确提及）

历 年 真 题

2012 年

1. （A卷）A注册会计师负责审计甲公司2011年度财务报表。在针对存货实施细节测试时，A注册会计师决定采用传统变量抽样方法实施统计抽样。甲公司2011年12月31日存货账面余额合计为150000000元。A注册会计师确定的总体规模为3000，样本规模为200，样本账面余额合计为12000000元，样本审定金额合计为8000000元。

要求：代A注册会计师分别采用均值法、差额法和比率法三种方法计算推断的总体错报金额。

【答案】

（1）样本项目的平均审定金额＝8000000÷200＝40000（元）

总体的审定金额＝40000×3000＝120000000（元）

推断的总体错报＝120000000－150000000＝－30000000（元）

（2）样本平均错报＝（8000000－12000000）÷200＝－20000（元）

推断的总体错报＝－20000×3000＝－60000000（元）

（3）比率＝8000000/12000000＝2/3

估计的总体实际金额＝150000000×2/3＝100000000（元）

推断的总体错报＝100000000－150000000＝－50000000（元）

2. （B卷）A注册会计师负责审计甲公司2011年度财务报表。在针对应收账款实施细节测试时，A注册会计师决定采用传统变量抽样方法实施统计抽样。甲公司2011年12月31日应收账款账面余额合计为300000000元。A注册会计师确定的总体规模为6000，样本规模为

200，样本账面余额合计为12000000元，样本审定金额合计为9000000元。

要求：代A注册会计师分别采用均值法、差额法和比率法三种方法计算推断的总体错报金额。

【答案】

（1）均值法

9000000÷200＝45000（元）

45000×6000＝270000000（元）

270000000−300000000＝−30000000（元）

（2）差额法

（9000000−12000000）÷200＝−15000（元）

−15000×6000＝−90000000（元）

（3）比率法

9000000÷12000000＝3/4

300000000×（3/4）＝225000000（元）

225000000−300000000＝−75000000（元）

2011 年

A注册会计师负责审计甲公司2010年度财务报表。在针对销售费用的发生认定实施细节测试时，A注册会计师决定采用传统变量抽样方法实施统计抽样，相关事项如下：

（1）A注册会计师将抽样单元界定为销售费用总额中的每个货币单元。

（2）A注册会计师将总体分成两层，使每层的均值大致相等。

（3）A注册会计师在确定样本规模时不考虑销售费用账户的可容忍错报。

（4）A注册会计师采用系统选样的方式选取样本项目进行检查。

（5）在对选中的一个样本项目进行检查时，A注册会计师发现所附发票丢失，于是另选一个样本项目代替。

（6）甲公司2010年度销售费用账面金额合计为75000000元。A注册会计师决定采用传统变量抽样中的差额法，确定的总体规模为4000，样本规模为200，样本账面金额合计为4000000元，样本审定金额合计为3600000元。

要求：

（1）针对上述（1）至（5）项，逐项指出A注册会计师的做法是否存在不当之处。如果存在不当之处，简要说明理由。

（2）在不考虑上述（1）至（5）项的情况下，针对上述第（6）项，计算销售费用错报金额的点估计值。

【答案】

（1）第（1）项，不恰当。抽样单元应为2010年度确认的每笔销售费用。

第（2）项，不恰当。分层的意义在于减少总体的变异性，而不在于使各层之间均值相同。

第（3）项，不恰当。细节测试中采用传统抽样方法确定样本规模时需要考虑可容忍错报的影响。

第(4)项，恰当。

第(5)项，不恰当。不应另选一个样本项目代替，应当查明原因，或实施替代程序，或直接将其视为错报。

(2)[(3600000-4000000)/200]×4000＝-8000000(元)

2009 年

(原制度)A注册会计师负责审计甲公司20×8年度财务报表。在了解甲公司内部控制后，A注册会计师决定采用审计抽样的方法对拟信赖的内部控制进行测试，部分做法摘录如下：

(1)为测试20×8年度信用审核控制是否有效运行，将20×8年1月1日至11月30日期间的所有销售单界定为测试总体。

(2)为测试20×8年度采购付款凭证审批控制是否有效运行，将采购凭证缺乏审批人员签字或虽有签字但未按制度审批的界定为控制偏差。

(3)在使用随机数表选取样本项目时，由于所选中的1张凭证已经丢失，无法测试，直接用随机数表另选1张凭证代替。

(4)在对存货验收控制进行测试时，确定样本规模为60，测试后发现3例偏差。在此情况下，推断20×8年度该项控制偏差率的最佳估计为5%。

(5)在上述第(4)项的基础上，A注册会计师确定的信赖过度风险为5%，可容忍偏差率为7%。由于存货验收控制的偏差率的最佳估计不超过可容忍偏差率，认定该项控制运行有效(注：信赖过度风险为5%时，样本中发现偏差数"3"对应的控制测试风险系数为7.8)。

要求：针对上述第(1)~(5)项，逐项指出A注册会计师的做法是否正确。如不正确，简要说明理由。

【答案】

(1)错误。测试总体应当包括全年销售单。

(2)正确。

(3)错误。应当查明丢失原因，除非有足够证据证明已经恰当执行控制，否则应当视为控制偏差。

(4)正确。

(5)错误。还应当考虑抽样风险，总体偏差率上限为13%(=7.8÷60)，超过了可容忍偏差率。

2019年
预 测 题

预测 1

A注册会计师负责对甲公司2018年度财务报表进行审计。在针对应收账款实施函证程序时，相关事项如下：

(1)应收账款总体账面金额为1682000元。A注册会计师将应收账款账户按其金额大小分为三层，账户金额在 100000 元以上的 8 个，总金额为 1200000，全部进行函证；账户金额在 5000 元与 100000 元之间以及 5000 元以下的应收账款账户 200 个，采用适当的选样方法选取样本进行函证。

（2）A 注册会计师确定的可接受的误受风险为 10%，可容忍错报为 12000 元，预计总体错报为 600 元。

货币单元抽样确定样本规模时的保证系数

预计总体错报与可容忍错报之比	误受风险					
	5%	10%	15%	20%	25%	30%
0.00	3.00	2.31	1.9	1.61	1.39	1.21
0.05	3.31	2.52	2.06	1.74	1.49	1.29
0.10	3.68	2.77	2.25	1.89	1.61	1.39
0.15	4.11	3.07	2.47	2.06	1.74	1.49
0.20	4.63	3.41	2.73	2.26	1.90	1.62

（3）注册会计师利用系统选样法选取样本，选样间隔为 4700 元。

（4）注册会计师在全部进行函证的项目中发现了 50000 元错报，在选取的样本中发现 3 个错报：

样本	账面金额	审定金额
1	15000	12500
2	4000	0
3	2000	1800

货币单元抽样评价样本结果时的保证系数如下表：

高估错报的数量	误受风险								
	5%	10%	15%	20%	25%	30%	35%	37%	50%
0	3.00	2.31	1.90	1.61	1.39	1.21	1.05	1.00	0.70
1	4.75	3.89	3.38	3.00	2.70	2.44	2.22	2.14	1.68
2	6.30	5.33	4.73	4.28	3.93	3.62	3.35	3.25	2.68
3	7.46	6.69	6.02	5.52	5.11	4.77	4.46	4.35	3.68
4	9.16	8.00	7.27	6.73	6.28	5.90	5.55	5.43	4.68
5	10.52	9.28	8.50	7.91	7.43	7.01	6.64	6.50	5.68

要求：

（1）根据资料（1）（2），利用公式计算样本规模。

（2）根据资料（3）（4），计算总体错报。

【答案】

(1)样本规模＝总体账面金额/可容忍错报×保证系数＝482000/12000×2.52＝102

(注意,总体账面金额一定是执行抽样部分的!)

(2)针对抽样的部分:

总体错报上限＝2500+2.31×4700+4700×1.58+470×1.44＝21459.8(元)

总体错报＝21459.8+50000＝71459.8(元)

(分析:总体错报上限＝事实错报+基本精确度+推断错报×保证系数的增量,其中账面金额大于抽样间隔的单元中发现的错报就是事实错报2500;错报为4000的这个,推断错报为4700×100%＝4700;错报为200的这个,推断错报为4700×10%＝470)

预测 2

A注册会计师负责审计甲公司2018年度财务报表。甲公司每月末向客户寄送对账单,要求客户寄回对账单副本,并注明是否一致,若客户回函表明不一致,则追踪调查差异产生的原因。A注册会计师决定运用统计抽样方法测试该项控制在全年的运行有效性。相关事项如下:

(1)A注册会计师计算了各应收账款明细账户2018年12月31日余额的标准差,作为确定样本规模的一个因素。

(2)对X客户,甲公司本年遗漏寄发对账单。针对X客户的应收账款余额,注册会计师发函询证,回函无差异。A注册会计师不将遗漏寄发对账单视为控制偏差。

(3)确定样本规模后,A注册会计师采用随机数表法选取样本。选取的一个应收账款余额较小,A注册会计师选取了一个余额较大的应收账款账户予以代替。

(4)对Y客户,甲公司于2019年1月4日寄发对账单,于2019年1月10日收到对账回单,其中有一笔甲公司2018年12月30日发货的销售,因Y客户尚未收到货物,Y客户不认可甲公司此笔应收账款。销售合同显示,以客户验收商品入库为风险和报酬转移的时点。甲公司因此冲减了该笔应收账款,将发出的商品作为存货体现在财务报表中。A注册会计师将此事项评价为一项控制偏差。

(5)在对选取的项目进行检查后,A注册会计师将样本中发现的偏差数量除以样本规模得出的数值作为该项控制运行总体偏差率的最佳估计。

(6)A注册会计师确定的可容忍偏差率为7%。假定A注册会计师确定的可信赖过度风险为10%,样本规模为45。测试样本后,发现1例偏差。当信赖过度风险为"10%"、样本中发现的偏差数为"1"时,控制测试的风险系数为"3.9"。A注册会计师估计的总体偏差率为2.22%,远低于可容忍偏差率,因此决定接受总体。

要求:针对上述事项(1)至(6),假设各个事项不互相关联,逐项指出A注册会计师的做法是否恰当。如不恰当,简要说明理由。

【答案】

第(1)项不恰当。在确定控制测试样本规模时,不需要计算受影响账户余额的标准差。

第(2)项不恰当。细节测试未发现错报,并不表明控制运行有效。被审计单位遗漏寄发对账单，应作为一项控制偏差。

第（3）项不恰当。不应随意更换样本项目，否则会破坏样本的随机性，不符合统计抽样的原理。

第（4）项不恰当。甲公司的控制起到了应有的作用，防止了错报，表明控制运行有效。

第（5）项恰当。

第（6）项不恰当。运用统计抽样，应考虑抽样风险。总体偏差率上限 $=3.9 \div 45 = 8.67\%$，高于可容忍偏差率，A 注册会计师不应接受总体。

预测3

X 公司 2018 年 12 月 31 日应收账款账户借方余额共计 280 万元，由 1600 个借方账户组成。A 注册会计师拟通过非统计抽样方法和函证程序测试 X 公司 2018 年 12 月 31 日应收账款余额的存在认定。确定的可容忍错报为 14 万元。审计工作底稿记录的其他相关情况如下：

（1）确定的抽样总体是 2018 年 12 月 31 日应收账款明细表中列示的全部借方余额明细账户，抽样单元是每个应收账款明细账账户。

（2）根据测试目标，A 注册会计师界定的错报包括：虚构应收账款、收到款项后不做账务处理和串户登记、虚减账龄等。

（3）A 注册会计师基于总体中金额最大的前 400 个明细账户余额合计为 140 万元，拟对总体进行分层，并将这 400 个账户作为第一层，分配给该层四分之一的样本规模。

（4）在确定样本规模时，因模型"样本规模 = 总体账面金额/可容忍错报×保证系数"中不含总体变异性及预计总体错报等因素，A 注册会计师认为无需考虑这些因素。

（5）估计的错报金额合计数为 13.99 万元，低于但接近可容忍错报额，A 注册会计师决定扩大函证的范围，以获取进一步的证据。

要求：请逐一考虑上述（1）-（5）每种情况，指出 A 注册会计师的抽样决策和过程是否恰当，如认为不妥当，请简要说明原因。

【答案】

（1）恰当。

（2）不恰当。对于应收账款余额的存在认定，串户登记和虚减账龄不应界定为错报。

（3）不恰当。应按各层金额占总金额的比例分配样本规模，即分配给所述 400 个账户 50% 的样本规模。

（4）不恰当。在确定样本规模时，注册会计师需要考虑相关的影响因素，如总体变异性，可接受的抽样风险，预计总体错报等，即使注册会计师无法明确地量化这些因素。

（5）不恰当。在细节测试中使用非统计抽样时，如果推断的总体错报低于但接近可容忍错报金额，注册会计师应当作出拒绝接受总体的结论。

专题 九 应收账款、应付账款和银行存款函证

考点梳理

押题点 ① 函证程序的通用要点

一、函证的控制

注册会计师应当对函证的全过程保持控制。

(1)通过邮寄方式发出询证函时采取的控制措施。

为避免询证函被拦截、篡改等舞弊风险，在邮寄询证函时，注册会计师可以在核实由被审计单位提供的被询证者的联系方式后，不使用被审计单位本身的邮寄设施，而是独立寄发询证函(例如，直接在邮局投递)。

(2)通过跟函的方式发出询证函时采取的控制措施。

注册会计师可以独自前往，如果注册会计师跟函时需有被审计单位员工陪伴，注册会计师需要在整个过程中保持对询证函的控制，同时，对被审计单位和被询证者之间串通舞弊的风险保持警觉。

二、验证回函的可靠性

(1)通过邮寄方式收到的回函。

通过邮寄方式发出询证函并收到回函后，注册会计师可以验证以下信息：

①被询证者确认的询证函是否是原件，是否与注册会计师发出的询证函是同一份；

②回函是否由被询证者直接寄给注册会计师；

③寄给注册会计师的回邮信封或快递信封中记录的发件方名称、地址是否与询证函中记载的被询证者名称、地址一致；

④回邮信封上寄出方的邮戳显示发出城市或地区是否与被询证者的地址一致；

⑤被询证者加盖在询证函上的印章以及签名中显示的被询证者名称是否与询证函中记载的被询证者名称一致。

【提示】如果被询证者将回函寄至被审计单位，被审计单位将其转交注册会计师，该回函不能视为可靠的审计证据。

(2)通过跟函方式收到的回函。

对于通过跟函方式获取的回函，注册会计师可以实施以下审计程序：

①了解被询证者处理函证的通常流程和处理人员；

②确认处理询证函人员的身份和处理询证函的权限，如索要名片、观察员工卡或姓名牌等；

③观察处理询证函的人员是否按照处理函证的正常流程认真处理询证函。

(3)以电子形式收到的回函。

注册会计师和回函者采用一定的程序为电子形式的回函创造安全环境，可以降低该风险。如果注册会计师确信这种程序安全并得到适当控制，则会提高相关回函的可靠性。当注册会计师存有疑虑时，可以与被询证者联系以核实回函的来源及内容，例如，当被询证者通过电子邮件回函时，注册会计师可以通过电话联系被询证者，确定被询证者是否发送了回函。必要时，注册会计师可以要求被询证者提供回函原件。

(4)对询证函的口头回复。

只对询证函进行口头回复不能作为可靠的审计证据。在收到对询证函口头回复的情况下，注册会计师可以要求被询证者提供直接书面回复。如果仍未收到书面回函，注册会计师需要通过实施替代程序，寻找其他审计证据以支持口头回复中的信息。

【提示】在函证过程中，注册会计师需要始终保持职业怀疑，对舞弊风险迹象保持警觉。

押题点 ② 应收账款的函证

1. 函证的目的

函证应收账款的目的在于证实应收账款账户余额是否真实准确。

2. 函证决策(必要程序)

除非有充分证据表明应收账款对被审计单位财务报表而言是不重要的，或者函证很可能是无效的，否则，注册会计师应当对应收账款进行函证。如果注册会计师不对应收账款进行函证，应在审计工作底稿中说明理由。

3. 函证的范围

影响函证范围的因素主要有：

(1)应收账款在全部资产中的重要性(越重要，范围越大)；

(2)被审计单位内部控制的强弱(越健全，范围越小)；

(3)以前期间函证的结果(差异越多、欠款纠纷越多，范围越大)。

4. 函证对象

(1)金额较大的项目；

(2)风险较高的项目：①账龄较长的项目；②与债务人发生纠纷的项目；③重大关联方项目；④主要客户(包括关系密切的客户)项目；⑤新增客户项目；⑥交易频繁但期末余额较小甚至余额为零的项目；⑦可能产生重大错报或舞弊的非正常的项目。

5. 函证的方式

注册会计师可以采用积极的或消极的函证方式实施函证，也可将两种方式结合使用。

6. 函证的时间

通常以资产负债表日为截止日，在资产负债表日后适当时间函证。

如重大错报风险低，可选择资产负债表日前适当日期为截止日，并对该截止日起至资产负债表日止发生的变动实施实质性程序。

7. 对函证的控制

(1)对函证各环节的控制，见表11：

表 11　对函证各环节的控制

环节	要求
填列	注册会计师应当对需要确认或填列的信息保持控制，对被询证者的名称、地址以及被函证信息执行核对程序
选择被询证者	应当由注册会计师选择适当的被询证者
发出和收回	注册会计师应当对询证函的发出和收回保持控制，不得由被审计单位代为发出或代为转交

（2）对收函过程中不同情况的处理

在收取询证函的过程中也有不同情况，注册会计师的处理见表12：

表 12　注册会计师针对收取询证函过程中不同情况的处理

情形	要求
未回函	应当考虑必要时再次向被询证者寄发询证函。如未能得到被询证者的回应，应当实施替代审计程序
转交	考虑重新寄发，并要求被询证者直接书面回复
退信	核实询证函地址与被审计单位提供的地址是否一致，考虑函证地址的真实性

8. 对不符事项的处理

收回的询证函若有差异，即函证出现了不符事项，注册会计师应当首先提请被审计单位查明原因，并作进一步分析和核实。不符事项的原因可能是由于双方登记入账的时间不同，或是由于一方或双方记账错误，也可能是被审计单位的舞弊行为。

（1）时间差异造成的回函不符及应对措施，见表13：

表 13　时间差异造成的回函不符及应对措施

要点	具体情形	追加的审计程序
在途资金	询证函发出时，债务人已经付款，而被审计单位尚未收到货款	检查函证日后的收款凭证
在途物资	询证函发出时，被审计单位的货物已经发出并已作销售记录，但货物仍在途中，债务人尚未收到货物	检查发货单或装运凭证、销售合同
退货	货物已经退回	检查红字发票、销货退回及折扣折让通知单以及退回货物的入库单
争议债务	笔误或有争议的金额	检查原始凭证

（2）构成错报。

注册会计师应当评价该错报是否表明存在舞弊，并重新考虑所实施审计程序的性质、时间安排和范围。

9. 对积极式函证未回函项目实施替代程序

（1）检查资产负债表日后收回的货款。

【提示】注册会计师不能仅查看应收账款的贷方发生额，而是要查看相关的收款单据，以证实付款方确为该客户且确与资产负债表日的应收账款相关。

（2）检查相关的销售合同、销售单和发货凭证等文件。

【提示】注册会计师需要根据被审计单位的收入确认条件和时点，确定能够证明收入发生的凭证。

（3）检查被审计单位与客户之间的往来邮件，如有关发货、对账、催款等事宜的邮件。

押题点 ❸ 应付账款的函证

获取适当的供应商相关清单，例如本期采购量清单、所有现存供应商名单或应付账款明细账。询问该清单是否完整并考虑该清单是否应包括预期负债等附加项目。选取样本进行测试并执行如下程序：

（1）向债权人发送询证函。注册会计师应当对询证函保持控制。

（2）将询证函回函确认的余额与已记录金额相比较，如存在差异，检查支持性文件，评价已记录金额是否适当。

（3）对于未作回复的函证实施替代程序：如检查至付款文件（如，现金支出、电汇凭证和支票复印件）、相关的采购文件（如采购订单、验收单、发票和合同）或其他适当文件。

押题点 ❹ 银行存款的函证

（1）银行函证程序是证实资产负债表所列银行存款是否存在的重要程序。

（2）注册会计师应当对银行存款（包括零余额账户和在本期内注销的账户）、借款及与金融机构往来的其他重要信息实施函证程序，除非有充分证据表明某一银行存款、借款及与金融机构往来的其他重要信息对财务报表不重要且与之相关的重大错报风险很低。

如果不对这些项目实施函证程序，注册会计师应当在审计工作底稿中说明理由。

（3）通过向往来银行函证，注册会计师不仅可了解企业资产的存在，还可了解企业账面反映所欠银行债务的情况，并有助于发现企业未入账的银行借款和未披露的或有负债。

历年真题

2018年

ABC会计师事务所的A注册会计师负责审计甲公司2017年度财务报表。审计工作底稿中与函证相关的部分内容摘录如下：

（1）甲公司2017年末的一笔大额银行借款已于2018年初到期归还。A注册会计师检查了还款凭证等支持性文件，结果满意，决定不实施函证程序，并在审计工作底稿中记录了不实施函证程序的理由。

（2）A注册会计师评估认为应收账款的重大错报风险较高，为尽早识别可能存在的错报，在期中审计时对截至2017年9月末的余额实施了函证程序，在期末审计时对剩余期间的发生额实施了细节测试，结果满意。

（3）A注册会计师对应收乙公司的款项实施了函证程序。因回函显示无差异，A注册会计师认可了管理层对应收乙公司款项不计提坏账准备的处理。

（4）A 注册会计师拟对甲公司应付丙公司的款项实施函证程序。因甲公司与丙公司存在诉讼纠纷，管理层要求不实施函证程序。A 注册会计师认为其要求合理，实施了替代审计程序，结果满意。

（5）A 注册会计师评估认为应付账款存在低估风险，因此，在询证函中未填列甲公司账面余额，而是要求被询证者提供余额信息。

要求：针对上述第（1）至（5）项，逐项指出 A 注册会计师的做法是否恰当。如不恰当，简要说明理由。

【答案】

（1）不恰当。注册会计师应当对重要的银行借款实施函证程序。

（2）不恰当。重大错报风险较高时，应在期末或接近期末实施函证/在期末审计时应再次发函。/只有重大错报风险评估为低水平，才可以在期中实施函证。

（3）不恰当。函证不能为计价与分摊认定/应收账款坏账准备的计提提供充分证据。

（4）不恰当。还应考虑可能存在重大的舞弊或错误，以及管理层的诚信度。

（5）恰当。

2015 年

ABC 会计师事务所负责审计甲公司 2014 年度财务报表。审计项目组确定财务报表整体的重要性为 100 万元，明显微小错报的临界值为 5 万元。审计工作底稿中与函证程序相关的部分内容摘录如下：

（1）审计项目组在寄发询证函前，将部分被询证方的名称、地址与甲公司持有的合同及发票中的对应信息进行了核对。

（2）甲公司应付账款年末余额为 550 万元。审计项目组认为应付账款存在低估风险，选取了年末余额合计为 480 万元的两家主要供应商实施函证，未发现差异。

（3）审计项目组成员跟随甲公司出纳到乙银行实施函证。出纳到柜台办理相关事宜，审计项目组成员在等候区等候。

（4）客户丙公司年末应收账款余额 100 万元，回函金额 90 万元。因差异金额高于明显微小错报的临界值，审计项目组据此提出了审计调整建议。

（5）客户丁公司回函邮戳显示发函地址与甲公司提供的地址不一致。甲公司财务人员解释是由于丁公司有多处办公地址所致。审计项目组认为该解释合理，在审计工作底稿中记录了这一情况。

（6）客户戊公司为海外公司。审计项目组收到戊公司境内关联公司代为寄发的询证函回函，未发现差异，结果满意。

要求：针对上述第（1）至第（6）项，逐项指出审计项目组的做法是否恰当。如不恰当，简要说明理由。

【答案】

（1）恰当。

（2）不恰当。仅选取大金额主要供应商实施函证不能应对低估风险/还应选取小额或零余额账户。

（3）不恰当。审计项目组成员应当观察函证的处理过程/审计项目组成员需要在整个过程中保持对询证函的控制。

（4）不恰当。审计项目组应当调查不符事项，以确定是否表明存在错报。

（5）不恰当。审计项目组应当对该情况进行核实/口头解释证据不充分，还应实施其他审计程序/直接与丁公司联系核实/前往丁公司办公地点进行验证。

（6）不恰当。未直接取得回函影响回函的可靠/应取得戊公司直接寄发的询证函。

2013 年

A 注册会计师确定甲公司 2012 年度财务报表整体的重要性为 200 万元，明显微小错报的临界值为 10 万元。A 注册会计师实施了银行及应收账款函证程序，相关审计工作底稿的部分内容摘录如下：

金额单位：万元

询证函编号	是否回函（是/否）	账面余额	回函金额	差异	审计说明
银行询证函：					（1）
Y1	是	3500	3500	0	（2）
Y2	是	235	232	3	（3）
……（略）	……（略）	……（略）	……（略）	……（略）	……（略）
应收账款询证函：					
W1	不适用	900	不适用	不适用	（4）
W2	否	1300	不适用	不适用	（5）
W3	否	850	不适用	不适用	（6）
……（略）	……（略）	……（略）	……（略）	……（略）	……（略）

审计说明：

（1）对甲公司 2012 年 12 月 31 日有往来余额的银行账户实施函证程序。

（2）甲公司为该银行重要客户，有业务专员上门办理各类业务。2013 年 2 月 18 日，A 注册会计师在甲公司财务经理陪同下将函证交予上门办理业务的银行业务专员。银行业务专员当场盖章回函。函证结果满意。

（3）差异金额 3 万元，小于明显微小错报的临界值，无须实施进一步审计程序。

（4）该账户已全额计提坏账准备，不存在风险，选取另一样本实施函证。

（5）询证函被退回，原因为"原址查无此单位"。已实施替代程序，未发现差异。

（6）未收到回函，已与客户财务人员电话确认余额，无须实施替代程序。

要求：针对上述审计说明第（1）至（6）项，逐项指出 A 注册会计师的做法是否恰当。如不恰当，简要说明理由。

【答案】

第（1）项，不恰当。A注册会计师没有对零余额和在本期内注销的账户实施函证。也未评估这些账户是否对财务报表不重要且与之相关的重大错报风险很低。

第（2）项，不恰当。A注册会计师没有评估回函的可靠性。／银行业务专员当场办理回函，未实施适当的核对程序和处理流程。

第（3）项，不恰当。小额差异也需要进行调查。／小额差异可能是由方向相反的大额差异相互抵消形成的。

第（4）项，不恰当。函证程序应对的是存在认定，全额计提坏账准备针对的是计价和分摊的认定，无法应对存在认定。

第（5）项，不恰当。对于"原址查无此单位"的异常函证，应当保持足够的职业怀疑，对函证地址信息进行调查。／应当实施进一步审计程序检查是否存在被审计单位虚构销售客户的情况，不应直接实施替代程序。

第（6）项，不恰当。只对询证函进行口头回复不符合函证的要求，因为其不是对A注册会计师的直接书面回复。／当收到口头回复后，A注册会计师可以根据情况要求被询证者提供直接书面回复。／实施替代程序。

2012年

A注册会计师负责审计甲公司2011年度财务报表。甲公司2011年12月31日应收账款余额为3000万元。A注册会计师认为应收账款存在重大错报风险，决定选取金额较大以及风险较高的应收账款明细账户实施函证程序，选取的应收账款明细账户余额合计为1800万元。相关事项如下：

（1）审计项目组成员要求被询证的甲公司客户将回函直接寄至会计师事务所，但甲公司客户X公司将回函寄至甲公司财务部，审计项目组成员取得了该回函，将其归入审计工作底稿。

（2）对于审计项目组以传真件方式收到的回函，审计项目组成员与被询证方取得了电话联系，确认回函信息，并在审计工作底稿中记录了电话内容与时间、对方姓名与职位，以及实施该程序的审计项目组成员姓名。

（3）审计项目组成员根据甲公司财务人员提供的电子邮箱地址，向甲公司境外客户Y公司发送了电子邮件，询证应收账款余额，并收到了电子邮件回复。Y公司确认余额准确无误。审计项目组成员将电子邮件打印后归入审计工作底稿。

（4）甲公司客户Z公司的回函确认金额比甲公司账面余额少150万元。甲公司销售部人员解释，甲公司于2011年12月末销售给Z公司的一批产品，在2011年末尚未开具销售发票，Z公司因此未入账。A注册会计师认为该解释合理，未实施其他审计程序。

（5）实施函证的1800万元应收账款余额中，审计项目组未收到回函的余额合计950万元，审计项目组对此实施了替代程序：对其中的500万元查看了期后收款凭证；对没有期后收款记录的450万元，检查了与这些余额相关的销售合同和发票，未发现例外事项。

（6）鉴于对60%应收账款余额实施函证程序未发现错报，A注册会计师推断其余40%的应收账款余额也不存在错报，无须实施进一步审计程序。

要求：针对上述第(1)至(6)项，逐项指出甲公司审计项目组的做法是否恰当。如不恰当，简要说明理由。

【答案】

第(1)项，不恰当。注册会计师应当对函证的全过程保持控制/可靠性不足。

第(2)项，恰当。

第(3)项，不恰当。注册会计师应当核实被询证者的信息；/电子回函的可靠性存在风险，注册会计师和回函者要采用一定的程序创造安全环境。

第(4)项，不恰当。函证的差异不能仅以口头解释为证据，/应实施其他审计程序核实不符事项。

第(5)项，不恰当。获取的销售合同和发票为内部证据，/应检查能够证明交易实际发生的证据。

第(6)项，不恰当。选取特定项目的方法不能以样本的测试结果推断至总体/仍然可能存在重大错报风险。

`2019年`
预测题

预测 1

A 注册会计师负责对 X 公司 2018 年度财务报表实施审计。根据对 X 公司及其环境的了解，A 注册会计师认为应收账款的存在认定具有较高的重大错报风险，且计价和分摊认定存在特别风险。其他相关情况如下：

(1)为应对应收账款存在认定的重大错风险与计价和分摊认定的特别风险，A 注册会计师拟扩大函证程序的实施范围，以便将检查风险降低到可接受水平。

(2)A 注册会计师决定提高消极式函证的比例。因为在这种方式下，即使未收到客户回函，也能形成结论；在收到回函时，所获得证据的可靠性甚至可能高于积极式函证。

(3)在填写询证函时，注册会计师将截止时间定为 2018 年 12 月 15 日，以提高函证程序的不可预见性，并拟对自截止日起至资产负债表日止发生的变动实施实质性分析程序。

(4)为加强对函证的控制，A 注册会计师谢绝了 X 公司财务主管提出的代为寄送询证函的协助，直接将询证函交给 X 公司收发室的王师傅，要求王师傅亲自寄发。

(5)客户 Y 公司回函不同意 X 公司的账面记录。原因是 X 公司委托的运输公司直到 2019 年 1 月 2 日才将商品运达约定交货地点，故此前双方并不存在债权、债务关系。

要求：针对情况(1)~(4)，指出 A 注册会计师的决策或做法是否恰当，简要说明理由；针对情况(5)，假定 Y 公司的回函结果是正确的，指出 A 注册会计师是否需要向 X 公司提出调整建议？如需要，请指出在不考虑利润分配的条件下调整分录中涉及的财务报表项目。

【答案】

(1)不恰当。仅实施函证程序不足以将应收账款计价和分摊认定的特别风险带来的检查风险降低到可接受水平。注册会计师还应实施分析应收账款账龄和检查坏账准备等实质性程序。

（2）不恰当。实施消极式函证条件之一是重大错报风险被评估为低水平。X 公司应收账款重大错报风险被评估为高水平，且存在特别风险，不宜实施消极式函证。

（3）不恰当。重大错报风险为低水平时，才可将函证的截止日提前到资产负债表日之前。X 公司应收账款的重大错报风险处于高水平，不宜将截止日期提前到资产负债表日之前。

（4）不恰当。王师傅也是 X 公司的雇员，不应将询证函交给其办理。注册会计师应当亲自办理询证函的寄发手续。

（5）应提请 X 公司调整 2018 年度财务报表。调整分录涉及应收账款、营业收入、营业成本、存货等项目。

预测 2

ABC 会计师事务所负责审计甲公司 2018 年度财务报表，审计工作底稿中与函证相关的部分内容摘录如下：

（1）2018 年 3 月 5 日，甲公司在乙银行开立了专门用于 A 项目的账户，除此以外，与乙银行没有其他业务关系，审计项目组认为，该账户属于新设账户，虽然涉及的金额重大但重大错报风险很低，因此无需对该账户实施函证程序。

（2）审计项目组为了确认截至 2018 年 12 月 31 日甲公司应收账款账面金额是否被高估，坏账准备计提是否充分，利用计算机辅助审计技术从应收账款明细账中选取样本，实施函证程序。

（3）审计项目组针对甲公司应付账款可能存在多笔未入账的情况，计划对应付账款实施函证程序，因此从截止到 2018 年 12 月 31 日的应付账款明细表中选择重要的询证对象。

（4）审计项目组针对甲公司与其母公司的重大关联方交易合同，考虑到对财务报表带来的错报风险比较高，因此函证了本年度与其母公司发生的每一笔应收账款交易金额。

（5）审计项目组收到的一份银行询证函回函中标注"本行只能说明甲公司投资款已经到账，本行不保证投资款是否合法，投资项目是否真实，未来投资是否具有预期投资回报"。审计项目组致电该银行，银行工作人员表示这是银行业标准条款。审计项目组据此认为该回函可靠，并在工作底稿中记录了与银行的电话沟通内容。

（6）审计项目组为避免询证函被甲公司拦截、篡改等舞弊风险，在邮寄询证函时，在具体核实由甲公司提供的被询证者的联系方式后，未使用甲公司的邮寄设施，而是直接在邮局投递询证函。

要求：针对上述第（1）至（5）项，逐项指出审计项目组的做法是否恰当，如不恰当，简要说明理由。

【答案】

（1）不恰当。除非有充分证据表明甲公司在乙银行新开设的银行账户涉及的业务对财务报表不重要且与之相关的重大错报风险很低，否则审计项目组应当对该银行账户实施函证。新建 A 项目的专门账户属于涉及重大资金项目的业务，对甲公司 2018 年度财务报表很重要，因此应当实施函证。

（2）不恰当。针对应收账款函证程序，能够为应收账款的存在认定提供相关可靠的审计证据，不能为应收账款的计价和分摊认定提供证据。

（3）不恰当。针对甲公司可能存在未入账应付账款，审计项目组从甲公司供货商明细表中选取函证对象更加适合。审计项目组从应付账款明细表中选择询证对象可能不能发现未入账的负债。

（4）不恰当。针对重大关联方交易合同，审计项目组仅仅对应收账款交易金额进行函证不适当，还应当考虑对交易或合同的条款实施函证，以确定是否存在重大口头协议，客户是否有自由退货的权利，付款方式是否有特殊安排等。

（5）恰当。

（6）恰当。

专题十 存货监盘与计价测试

考点梳理

押题点① 存货监盘

1. 存货监盘计划的主要内容

（1）存货监盘的目标、范围及时间安排。

存货监盘的主要目标：获取被审计单位资产负债表日有关存货数量和状况以及有关管理层存货盘点程序可靠性的审计证据，检查存货的数量是否真实完整，是否归属被审计单位，存货有无毁损、陈旧、过时、残次和短缺等状况。

存货监盘范围的大小：取决于存货的内容、性质以及与存货相关的内部控制的完善程度和重大错报风险的评估结果。

存货监盘的时间：包括实地察看盘点现场的时间、观察存货盘点的时间和对已盘点存货实施检查的时间等，应当与被审计单位实施存货盘点的时间相协调。

（2）存货监盘的要点及关注事项。

注册会计师需要重点关注的事项包括盘点期间的存货移动、存货的状况、存货的截止确认、存货的各个存放地点及金额等。

如果被审计单位的存货存放在多个地点，注册会计师可以要求被审计单位提供一份完整的存货存放地点清单，并考虑其完整性。

如果识别出由于舞弊导致的影响存货数量的重大错报风险，注册会计师在检查被审计单位存货记录的基础上，可能决定在不预先通知的情况下对特定存放地点的存货实施监盘，或在同一天对所有存放地点的存货实施监盘。

同时，在连续审计中，注册会计师可以考虑在不同期间的审计中变更所选择实施监盘的地点。

（3）参加存货监盘人员的分工。

（4）检查存货的范围。注册会计师应当根据对被审计单位存货盘点和对被审计单位内部控制的评价结果确定抽盘存货的范围。在实施观察程序后，如果认为被审计单位内部控制设计良好且得到有效实施，存货盘点组织良好，可以相应缩小实施抽盘的范围。

2. 存货监盘程序（可用作控制测试或实质性程序）

（1）评价管理层用以记录和控制存货盘点结果的指令和程序。

（2）观察管理层制定的盘点程序的执行情况。

（3）检查存货。

（4）执行抽盘。

注册会计师应尽可能避免让被审计单位事先了解将抽取检查的存货项目。

3. 存货监盘需要特别关注的情况

（1）存货盘点范围与观察程序。

应纳入盘点范围的存货：是否已经适当整理和排列，并附有盘点标识，防止遗漏或重复盘点。

未纳入盘点范围的存货：应当查明未纳入的原因，对所有权不属于被审计单位的存货，注册会计师应当取得其规格、数量等有关资料，确定是否已单独存放、标明，且未被纳入盘点范围。

（2）对特殊类型存货的监盘，见表14：

表14　特殊类型存货的监盘程序

存货类型	盘点方法与潜在问题	可供实施的审计程序
木材、钢筋盘条、管子	通常无标签，但在盘点时会做上标记或用粉笔标识；难以确定存货的数量或等级	检查标记或标识； 利用专家或被审计单位内部有经验人员的工作
堆积型存货（比如糖、煤、钢废料）	通常既无标签也不做标记；在估计存货数量时存在困难	运用工程估测、几何计算、高空勘测，并依赖详细的存货记录
使用磅秤测量的存货	在估计存货数量时存在困难	在监盘前和监盘过程中均应检验磅秤的精准度，并留意磅秤的位置移动与重新调校程序； 将检查和重新称量程序相结合； 检查称量尺度的换算问题
散装物品（如贮窖存货、使用桶、箱、罐、槽等容器储存的液体、气体、谷类粮食、流体存货等）	在盘点时通常难以加以识别和确定； 在估计存货数量时存在困难； 在确定存货质量时存在困难	使用容器进行监盘或通过预先编号的清单列表加以确定； 使用浸蘸、测量棒、工程报告以及依赖永续存货记录； 选择样品进行化验与分析，或利用专家的工作
贵金属、石器、艺术品与收藏品	在存货辨认与质量确定方面存在困难	选择样品进行化验与分析，或利用专家的工作

续表

存货类型	盘点方法与潜在问题	可供实施的审计程序
生产纸浆用木材、牲畜	在存货辨认与数量确定方面存在困难； 可能无法对此类存货的移动实施控制	通过高空摄影以确定其存在，对不同时点的数量进行比较，并依赖永续存货记录

4. 存货监盘结束时的工作

在被审计单位存货盘点结束前，注册会计师应当：

①再次观察盘点现场，以确定所有应纳入盘点范围的存货是否均已盘点。

②取得并检查已填用、作废及未使用盘点表单的号码记录，确定其是否连续编号，查明已发放的表单是否均已收回，并与存货盘点的汇总记录进行核对。

5. 存货盘点日不是资产负债表日的处理

注册会计师应当实施适当的审计程序，确定盘点日与资产负债表日之间存货的变动是否已作正确的记录。

6. 在存货盘点现场实施存货监盘不可行的处理

(1)审计中的困难、时间或成本等事项本身，不能作为注册会计师省略不可替代的审计程序或满足于说服力不足的审计证据的正当理由。

(2)如果在存货盘点现场实施存货监盘不可行，注册会计师应当实施替代审计程序(如检查盘点日后出售盘点日之前取得或购买的特定存货的文件记录)，以获取有关存货的存在和状况的充分、适当的审计证据。

(3)如果不能实施替代审计程序，或者实施替代审计程序可能无法获取有关存货的存在和状况的充分、适当的审计证据，注册会计师需要发表非无保留意见。

7. 因不可预见的情况导致无法在存货盘点现场实施监盘(另择日期)

两种比较典型的情况：

(1)注册会计师无法亲临现场：即由于不可抗力导致其无法到达存货存放地实施存货监盘；

(2)气候因素：即由于恶劣的天气导致注册会计师无法实施存货监盘程序，或由于恶劣的天气无法观察存货，如木材被积雪覆盖。

如果由于不可预见的情况导致无法在存货盘点现场实施监盘(不可抗力，气候)，注册会计师应当另择日期实施监盘，并对间隔期内发生的交易实施审计程序。

8. 由第三方保管或控制的存货的处理

如果由第三方保管或控制的存货对财务报表是重要的，注册会计师应当实施下列一项或两项审计程序，以获取有关该存货存在和状况的充分、适当的审计证据：

(1)向持有被审计单位存货的第三方函证存货的数量和状况；

(2)实施检查或其他适合具体情况的审计程序。根据具体情况(如获取的信息使注册会计师对第三方的诚信和客观性产生疑虑)，注册会计师可能认为实施其他审计程序是适当的。其他审计程序可以作为函证的替代程序，也可以作为追加的审计程序：

其他审计程序的示例包括：

(1)实施或安排其他注册会计师实施对第三方的存货监盘(如可行)；

(2)获取其他注册会计师或服务机构注册会计师针对用以保证存货得到恰当盘点和保管的内部控制的适当性而出具的报告；

(3)检查与第三方持有的存货相关的文件记录，如仓储单；

(4)当存货被作为抵押品时，要求其他机构或人员进行确认。

押题点 ❷ 存货计价测试

监盘程序主要是对存货的数量予以确认。为验证财务报表上存货余额的真实性，还必须对存货的计价进行审计。主要包括：

(1)存货单位成本测试；

(2)存货跌价损失准备的测试。

历 年 真 题

2018 年

ABC 会计师事务所的 A 注册会计师负责审计多家被审计单位 2017 年度财务报表。与存货审计相关的部分事项如下：

(1)甲公司为制造型企业，采用信息系统进行成本核算。A 注册会计师对信息系统一般控制和相关的自动化应用控制进行测试后结果满意，不再对成本核算实施实质性程序。

(2)因乙公司存货不存在特别风险，且以前年度与存货相关的控制运行有效，A 注册会计师因此减少了本年度存货细节测试的样本量。

(3)丙公司采用连续编号的盘点标签记录盘点结果，并逐项录入盘点结果汇总表。A 注册会计师将抽盘样本的数量与盘点标签记录的数量进行了核对，未发现差异，据此认可了盘点结果汇总表记录的存货数量。

(4)丁公司从事进口贸易，年末存货均于 2017 年 12 月购入，金额重大。A 注册会计师通过获取并检查采购合同、发票、进口报关单、验收入库单等支持性文件，认为获取了有关存货存在和状况的充分、适当的审计证据。

(5)戊公司的存货存放在多个地点。A 注册会计师取得了存货存放地点清单并检查了其完整性，根据各个地点存货余额的重要性及重大错报风险的评估结果，选取其中几个地点实施了监盘。

(6)A 注册会计师在己公司盘点结束后、存货未开始流动前抵达盘点现场，对存货进行检查并实施了抽盘，与己公司盘点数量核对无误，据此认可了盘点结果。

要求：针对上述第(1)至(6)项，逐项指出 A 注册会计师的做法是否恰当。如不恰当，简要说明理由。

【答案】

(1)不恰当。制造业的成本核算涉及重大类别交易或账户余额，应当实施实质性程序。

（2）不恰当。以前年度与存货相关的控制运行有效不构成减少本年度细节测试样本规模的充分理由/ 注册会计师还应当了解相关控制在本期是否发生变化。

（3）不恰当。A 注册会计师应当对盘点结果汇总表进行复核/ 应当将抽盘数量与盘点结果汇总表核对/ 应当将盘点标签数量与盘点结果汇总表核对。

（4）不恰当。存货对财务报表是重要的，注册会计师应当实施监盘。

（5）恰当。

（6）不恰当。注册会计师没有/ 应当观察已公司管理层制定的盘点程序的执行情况。

2017 年

ABC 会计师事务所的 A 注册会计师负责审计甲公司 2016 年度财务报表，与存货审计相关的部分事项如下：

（1）甲公司的存货存在特别风险。A 注册会计师在了解相关内部控制后，未测试控制运行的有效性，直接实施了细节测试。

（2）2016 年 12 月 25 日，A 注册会计师对存货实施监盘，结果满意。因年末存货余额与盘点日余额差异较小，A 注册会计师根据监盘结果认可了年末存货数量。

（3）在执行抽盘时，A 注册会计师从存货盘点记录中选取项目追查至存货实物，从存货实物中选取项目追查至盘点记录，以获取有关盘点记录准确性和完整性的审计证据。

（4）A 注册会计师向乙公司函证由其保管的甲公司存货的数量和状况，收到的传真件回函显示，数量一致，状况良好。A 注册会计师据此认可了回函结果。

（5）A 注册会计师获取了甲公司的存货货龄分析表，考虑了生产和仓储部门上报的存货损毁情况及存货监盘中对存货状况的检查情况，认为甲公司财务人员编制的存货可变现净值计算表中计提跌价准备的项目不存在遗漏。

要求：针对上述第（1）至（5）项，逐项指出 A 注册会计师的做法是否恰当。如不恰当，简要说明理由。

【答案】

（1）恰当。

（2）不恰当。注册会计师应当测试盘点日与资产负债表日之间存货的变动是否已得到恰当记录。

（3）恰当。

（4）不恰当。注册会计师应当验证传真件回函的可靠性。

（5）不恰当。注册会计师还需测试存货货龄分析表的准确性。

2016 年

ABC 会计师事务所的 A 注册会计师负责审计甲公司等多家被审计单位 2015 年度财务报表。与存货审计相关的事项如下：

（1）在对甲公司存货实施监盘时，A 注册会计师在存货盘点现场评价了管理层用以记录和控制存货盘点结果的程序，认为其设计有效。A 注册会计师在检查存货并执行抽盘后结束了现场工作。

(2)因乙公司存货品种和数量均较少，A注册会计师仅将监盘程序用作实质性程序。

(3)丙公司2015年末已入库未收到发票而暂估的存货金额占存货总额的30%，A注册会计师对存货实施了监盘，测试了采购和销售交易的截止，均未发现差错，据此认为暂估的存货记录准确。

(4)丁公司管理层未将以前年度已全额计提跌价准备的存货纳入本年末盘点范围。A注册会计师检查了以前年度的审计工作底稿，认可了管理层的做法。

(5)己公司管理层规定，由生产部门人员对全部存货进行盘点，再由财务部门人员抽取50%进行复盘。A注册会计师对复盘项目进行抽盘，未发现差异。据此认可了管理层的盘点结果。

要求：针对上述第(1)至(5)项，逐项指出A注册会计师的做法是否恰当。如不恰当，简要说明理由。

【答案】

(1)不恰当。A注册会计师没有/应当观察管理层制定的盘点程序的执行情况。

(2)恰当。

(3)不恰当。A注册会计师没有/应当检查暂估存货的单价。

(4)不恰当。存货监盘是检查存货的存在，已全额计提跌价的存货价值虽然为零，但数量仍存在/仍需对存货是否存在实施监盘。

(5)不恰当。抽盘的总体不完整。

2014年

甲公司主要从事家电产品的生产和销售。ABC会计师事务所负责审计甲公司2013年度财务报表。审计项目组在审计工作底稿中记录了与存货监盘相关的情况，部分内容摘录如下：

(1)审计项目组拟不信赖与存货相关的内部控制运行的有效性，故在监盘时不再观察管理层制定的盘点程序的执行情况。

(2)审计项目组获取了盘点日前后存货收发及移动的凭证，以确定甲公司是否将盘点日前入库的存货、盘点日后出库的存货以及已确认为销售但尚未出库的存货包括在盘点范围内。

(3)由于甲公司人手不足，审计项目组受管理层委托，于2013年12月31日代为盘点甲公司异地专卖店的存货，并将盘点记录作为甲公司的盘点记录和审计项目组的监盘工作底稿。

(4)审计项目组按存货项目定义抽样单元，选取a产品为抽盘样本项目之一。a产品分布在5个仓库中，考虑到监盘人员安排困难，审计项目组对其中3个仓库的a产品执行抽盘，未发现差异，对该样本项目的抽盘结果满意。

(5)在甲公司存货盘点结束前，审计项目组取得并检查了已填用、作废及未使用盘点表单的号码记录，确定其是否连续编号以及已发放的表单是否均已收回，并与存货盘点汇总中记录的盘点表单使用情况核对一致。

(6)甲公司部分产成品存放在第三方仓库,其年末余额占资产总额的10%。

要求:

(1)针对上述第(1)至(5)项,逐项指出审计项目组的做法是否恰当。如不恰当,简要说明理由。

(2)针对上述第(6)项,列举三项审计项目组可以实施的审计程序。

【答案】

(1)第(1)项不恰当。无论是否信赖内部控制,注册会计师在监盘中均应当观察管理层制定的盘点程序的执行情况。

第(2)项不恰当。已确认为销售但尚未出库的存货不应包括在盘点范围内。

第(3)项不恰当。审计项目组代管理层执行盘点工作,将会影响其独立性。盘点存货是甲公司管理层的责任。

第(4)项不恰当。当a产品被选为样本项目时,应当对所有a产品执行抽盘。

第(5)项恰当。

(2)审计项目组可以实施的审计程序有(以下答对三项即可):

①向保管存货的第三方函证存货的数量和状况;

②实施检查程序/检查与第三方保管的存货相关的文件记录;

③对第三方保管的存货实施监盘;

④安排其他注册会计师对第三方保管的存货实施监盘;

⑤获取其他注册会计师或提供仓储服务的第三方的注册会计师针对第三方用以保证存货得到恰当盘点和保管的内部控制的适当性而出具的报告。

2010 年

A注册会计师负责对常年审计客户甲公司20×8年度财务报表进行审计。甲公司从事商品零售业,存货占其资产总额的60%。除自营业务外,甲公司还将部分柜台出租,并为承租商提供商品仓储服务。根据以往的经验和期中测试的结果,A注册会计师认为甲公司有关存货的内部控制有效。A注册会计师计划于20×8年12月31日实施存货监盘程序。A注册会计师编制的存货监盘计划部分内容摘录如下:

(1)在到达存货盘点现场后,监盘人员观察代柜台承租商保管的存货是否已经单独存放并予以标明,确定其未被纳入存货盘点范围。

(2)在甲公司开始盘点存货前,监盘人员在拟检查的存货项目上作出标识。

(3)对以标准规格包装箱包装的存货,监盘人员根据包装箱的数量及每箱的标准容量直接计算确定存货的数量。

(4)在存货监盘过程中,监盘人员除关注存货的数量外,还需要特别关注存货是否出现毁损、陈旧、过时及残次等情况。

(5)对存货监盘过程中收到的存货,要求甲公司单独码放,不纳入存货监盘的范围。

(6)在存货监盘结束时,监盘人员将除作废的盘点表单以外的所有盘点表单的号码记录于监盘工作底稿。

要求：

（1）针对上述（1）至（6）项，逐项指出是否存在不当之处。如果存在，简要说明理由。

（2）假设因雪灾导致监盘人员于原定存货监盘日未能到达盘点现场，指出A注册会计师应当采取何种补救措施。

【答案】

（1）

第（1）项不存在。

第（2）项存在。对拟检查的存货作出标识会为甲公司盘点人员所知悉，损害审计程序的不可预测性。

第（3）项存在。应当进行必要的开箱检查。

第（4）项不存在。

第（5）项存在。应当确定收到的存货是否应纳入20×8年12月31日的存货。如果需要，应当纳入存货监盘范围。

第（6）项存在。应当取得所有已填用、作废及未使用盘点表单的号码记录。

（2）A注册会计师应当采取以下措施：

①改变存货监盘日期；

②对资产负债表日与改变后的存货监盘日之间的交易进行测试，倒轧出资产负债表日存货的数量。

2009年

（原制度）B注册会计师负责对乙公司20×8年度财务报表进行审计。乙公司为玻璃制造企业，20×8年末存货余额占资产总额比重重大。存货包括玻璃、煤炭、烧碱、石英砂，其中60%的玻璃存放在外地公用仓库。乙公司对存货核算采用永续盘存制，与存货相关的内部控制比较薄弱。乙公司拟于20×8年11月25日至27日盘点存货，盘点工作和盘点监督工作分别由熟悉相关业务且具有独立性的人员执行。存货盘点计划的部分内容摘录如下：

（1）存货盘点范围、地点和时间安排

地点	存货类型	估计占存货总额的比例	盘点时间
A仓库	烧碱、煤炭	烧碱10%、煤炭5%	20×8年11月25日
B仓库	烧碱、石英砂	烧碱10%、石英砂10%	20×8年11月26日
C仓库	玻璃	玻璃26%	20×8年11月27日
外地公用仓库	玻璃	玻璃39%	——

（2）存放在外地公用仓库存货的检查

对存放在外地公用仓库的玻璃，检查公用仓库签收单，请公用仓库自行盘点，并提供20×8年11月27日的盘点清单。

（3）存货数量的确定方法

对于烧碱、煤炭和石英砂等堆积型存货，采用观察以及检查相关的收、发、存凭证和记录的方法，确定存货数量；对于存放在 C 仓库的玻璃，按照包装箱标明的规格和数量进行盘点，并辅以适当的开箱检查。

（4）盘点标签的设计、使用和控制

对存放在 C 仓库玻璃的盘点，设计预先编号的一式两联的盘点标签。使用时，由负责盘点存货的人员将一联粘贴在已盘点的存货上，另一联由其留存；盘点结束后，连同存货盘点表交存财务部门。

（5）盘点结束后，对出现盘盈或盘亏的存货，由仓库保管员将存货实物数量和仓库存货记录调节相符。

要求：针对上述存货盘点计划第（1）至（5）项，逐项判断上述存货盘点计划是否存在缺陷。如果存在缺陷，简要提出改进建议。

【答案】

（1）第（1）项中，乙公司确定的存货整体盘点时间不正确。因与存货相关的内部控制薄弱，应当在期末实施盘点。

乙公司确定的烧碱盘点时间不正确。烧碱分别存放在 A、B 仓库，应在同一时点进行盘点，而不应安排在不同日期。

（2）第（2）项中，对存放在外地公用仓库的玻璃盘点方式不正确。因存放在外地公用仓库的玻璃占存货金额比重较大，应当考虑实地盘点。

（3）第（3）项中，对堆积型存货数量的确定方法不正确。对于烧碱、煤炭和石英砂，应当运用工程估测、几何计算等计量方法，并依赖详细的存货记录。

（4）第（4）项中，盘点标签的使用和控制不正确。由负责盘点存货的人员将一套标签粘贴在已盘点的存货上，另一套由其返还给存货盘点监督人员，由监督人员将盘点标签连同存货盘点表交存财务部门。

（5）第（5）项中，对出现的盘盈或盘亏的存货处理不正确。在盘点结束后，应由乙公司组成调查小组对盘盈或盘亏进行分析和处理（复核确认），并将存货实物数量和仓库存货记录调节相符。

2019年 预测题

预测

甲公司主要从事家电产品的生产和销售。ABC 会计师事务所负责审计甲公司 2018 年度财务报表。审计项目组在审计工作底稿中记录了与存货监盘相关的情况，部分内容摘录如下：

（1）针对甲公司由于实际原因无法停止生产或收发货物的情况，审计项目组了解了甲公司以往处理存货盘点不能停止移动的办法，甲公司在仓库内划分出独立的过渡区域，将预计在盘点期间领用的存货移至过渡区域、对盘点期间办理入库手续的存货暂时放在过渡区域，以此确保相关存货只被盘点一次。注册会计师认为这种处理方法能够解决存货监盘过程中存货移动带来的风险，确保甲公司存货盘点记录的真实性和完整性，未再实施其他程序。

（2）对于舞弊导致的影响存货数量的重大错报风险，注册会计师拟通过预先通知甲公司做好盘点准备的方法来予以应对。

（3）由于甲公司人手不足，审计项目组受管理层委托，于2018年12月31日代为盘点甲公司异地专卖店的存货，并将盘点记录作为甲公司的盘点记录和审计项目组的监盘工作底稿。

（4）甲公司60%的存货存放在外地20余家子公司。因距离遥远，交通成本及时间成本太高，审计项目组认为实施现场监盘不可行，决定以函证作为监盘的替代程序。

（5）在甲公司存货盘点结束前，审计项目组取得并检查了已填用盘点表单的号码记录，与存货盘点汇总表中记录的盘点表单使用情况核对一致。

（6）如果存货对甲公司财务报表是重要的，注册会计师应当在存货盘点现场实施监盘（除非不可行）；对期末存货记录实施审计程序，以确定其是否准确反映实际的存货盘点结果。

要求：

（1）针对上述第（1）至（5）项，逐项指出审计项目组的做法是否恰当。如不恰当，简要说明理由。

（2）针对上述第（6）项，说明在存货盘点现场实施监盘时，审计项目组应当实施的审计程序。

【答案】

（1）第（1）项不恰当。尽管甲公司采取了在仓库内划出独立的过渡区域的做法，但不能代替注册会计师现场观察甲公司针对划出独立的过渡区域的做法的控制程序是否得到执行。同时，注册会计师还可以向管理层索取盘点期间存货移动相关的书面记录以及出、入库资料作为执行截止测试的资料，以为监盘结束的后续工作提供证据。

第（2）项不恰当。如果识别出由于舞弊导致的影响存货数量的重大错报风险，注册会计师在检查被审计单位存货记录的基础上，可能决定在不预先通知的情况下对特定存放地点的存货实施监盘，或在同一天对所有存放地点的存货实施监盘。

第（3）项不恰当。审计项目组代管理层执行盘点工作，将会影响其独立性。／盘点存货是甲公司管理层的责任。

第（4）项不恰当。子公司不属于第三方，不宜实施函证程序。时间或成本等事项本身不能作为省略不可替代的审计程序或满足于说服力不足的审计证据的正当理由。

第（5）项不恰当。审计项目组除了取得并检查已填用盘点表单的号码记录外，还应当取得并检查作废的以及未使用盘点表单的号码记录，确定其是否连续编号以及已发放的表单是否均已收回，并与存货盘点汇总表中记录的盘点表单使用情况核对一致。

（2）审计项目组应当实施下列审计程序：

①评价管理层用以记录和控制存货盘点结果的指令和程序；

②观察管理层制定的盘点程序的执行情况；

③检查存货；

④执行抽盘。

专题十一 审计计划、审计工作底稿、分析程序

考点梳理

押题点 ❶ 审计计划

一、审计过程中对计划的更改

计划审计工作并非审计业务的一个孤立阶段，而是一个持续的、不断修正的过程，贯穿于整个审计业务的始终。

二、重要性

在制定总体审计策略时，确定财务报表层次的重要性和特定交易类别、账户余额和披露的重要性水平（如有必要）。

（一）基准的选择

不同情况下基准的选择，见表15：

表 15 不同情况下基准的选择

被审计单位的情况	可能选择的基准
企业的盈利水平保持稳定	经常性业务的税前利润
企业近年来经营状况大幅度波动，盈利和亏损交替发生，或者由正常盈利变为微利或微亏，或者本年度税前利润因情况变化而出现意外增加或减少	过去3~5年经常性业务的平均税前利润或亏损（取绝对值），或其他基准，例如营业收入
企业为新设企业，处于开办期，尚未开始经营，目前正在建造厂房及购买机器设备	总资产
企业处于新兴行业，目前侧重于抢占市场份额、扩大企业知名度和影响力	营业收入
开放式基金，致力于优化投资组合、提高基金净值、为基金持有人创造投资价值	净资产
国际企业集团设立的研发中心，主要为集团下属各企业提供研发服务，并以成本加成的方式向相关企业收取费用	成本与营业费用总额
公益性质的基金会	捐赠收入或捐赠支出总额

①对于以营利为目的的实体，通常以经常性业务的税前利润作为基准。如果经常性业务的税前利润不稳定，选用其他基准可能更加合适，如毛利或营业收入。

当按照经常性业务的税前利润的一定百分比确定被审计单位财务报表整体的重要性时，如果被审计单位本年度税前利润因情况变化出现意外增加或减少，注册会计师可能认为按照近几年经常性业务的平均税前利润确定财务报表整体的重要性更加合适。

企业处于微利或微亏状态时：

a. 如果微利或微亏状态是由宏观经济环境的波动或企业自身经营的周期性所导致,可以考虑采用过去 3~5 年经常性业务的平均税前利润作为基准。

b. 采用财务报表使用者关注的其他财务指标作为基准,如营业收入、总资产等。

②如果被审计单位的经营规模较上年度没有重大变化,通常使用代替性基准确定的重要性不宜超过上年度的重要性。

③注册会计师为被审计单位选择的基准在各年度中通常会保持稳定,但是并非必须保持一贯不变。

注册会计师在确定重要性水平时,不需考虑与具体项目计量相关的固有不确定性。

(二)实际执行的重要性

通常而言,实际执行的重要性通常为财务报表整体重要性的50%~75%,见表 16:

表 16　不同情形下实际执行的重要性的确定

经验值	情形
选择较低的百分比来确定实际执行的重要性的情形	(1)首次接受委托的审计项目; (2)连续审计项目,以前年度审计调整较多; (3)项目总体风险较高,例如处于高风险行业、管理层能力欠缺、面临较大市场竞争压力或业绩压力等; (4)存在或预期存在值得关注的内部控制缺陷
选择较高的百分比来确定实际执行的重要性的情形	(1)连续审计,以前年度审计调整较少; (2)项目总体风险为低到中等,例如处于非高风险行业、管理层有足够能力、面临较低的业绩压力等; (3)以前期间的审计经验表明内部控制运行有效

(三)审计过程中修改重要性

由于存在下列原因,注册会计师可能需要修改财务报表整体的重要性和特定类别的交易、账户余额或披露的重要性水平(如适用):

(1)审计过程中情况发生重大变化;

(2)获取新信息改变原有的一些判断;

(3)通过实施进一步审计程序,注册会计师对被审计单位及其经营的了解发生变化。

三、明显微小错报

(1)注册会计师需要在制定审计策略和审计计划时,确定一个明显微小错报的临界值,低于该临界值的错报视为明显微小的错报,可以不累积。

(2)如果不确定一个或多个错报是否明显微小,就不能认为这些错报是明显微小的。

押题点 ② 审计工作底稿

1. 审计工作底稿的存在形式

审计工作底稿可以以纸质、电子或其他介质形式存在。

2. 审计工作底稿的保存

电子等形式的底稿,可以通过打印转换成纸质底稿,并一起归档;同时,单独保存这些电子或其他介质形式存在的审计工作底稿。

3. 具体项目或事项的识别特征

如在对被审计单位生成的订购单进行细节测试时，注册会计师可能以订购单的日期和其唯一编号作为测试订购单的识别特征。

对于需要选取或复核既定总体内一定金额以上的所有项目的审计程序，注册会计师可能会以实施审计程序的范围作为识别特征。

对于需要系统化抽样的审计程序，注册会计师可能会通过记录样本的来源、抽样的起点及抽样间隔来识别已选取的样本。

对于需要询问被审计单位中特定人员的审计程序，注册会计师可能会以询问的时间、被询问人的姓名及职位作为识别特征。

对于观察程序，注册会计师可能会以观察的对象或观察过程、相关被观察人员及其各自的责任、观察的地点和时间作为识别特征。

4. 审计工作底稿的变动

审计工作底稿在归档期间和归档后的变动要求，见表17：

表17　审计工作底稿在归档期间和归档后的变动要求

归档期间	在审计报告日后60天内将审计工作底稿归整为最终审计档案是一项事务性的工作，不涉及实施新的审计程序或得出新的结论： (1)删除或废弃被取代的审计工作底稿； (2)对审计工作底稿进行分类、整理和交叉索引； (3)对审计档案归整工作的完成核对表签字认可； (4)记录在审计报告日前获取的、与审计项目组相关成员进行讨论并取得一致意见的审计证据
归档后	(1)一般情况下，在审计报告归档之后不需要对审计工作底稿进行修改或增加，注册会计师发现有必要修改现有审计工作底稿或增加新的审计工作底稿的情形主要有以下两种： ①注册会计师已实施了必要的审计程序，取得了充分、适当的审计证据并得出了恰当的审计结论，但审计工作底稿的记录不够充分； ②审计报告日后，发现例外情况要求注册会计师实施新的或追加审计程序，或导致注册会计师得出新的结论。 (2)在完成最终审计档案的归整工作后，如果发现有必要修改现有审计工作底稿或增加新的审计工作底稿，无论修改或增加的性质如何，注册会计师均应当记录下列事项： ①修改或增加审计工作底稿的理由； ②修改或增加审计工作底稿的时间和人员，以及复核的时间和人员。 【提示】修改现有审计工作底稿主要是指在保持原审计工作底稿中所记录的信息，即对原记录信息不予删除(包括涂改、覆盖等方式)的前提下，采用增加新信息的方式予以修改

5. 审计工作底稿归档的期限

审计工作底稿的归档期限为审计报告日后60天内。如果注册会计师未能完成审计业务，审计工作底稿的归档期限为审计业务中止后的60天内。

如果针对客户的同一财务信息执行不同的委托业务，出具两个或多个不同的报告，会计师事务所应当将其视为不同的业务，根据会计师事务所内部制定的政策和程序，在规定的归档期限内**分别**将审计工作底稿归整为最终审计档案。

6. 审计工作底稿的保存期限

会计师事务所应当自审计报告日**起**，对审计工作底稿至少保存**十年**。如果注册会计师未能完成审计业务，会计师事务所应当自审计业务中止日**起**，对审计工作底稿至少保存**十年**。

押题点 ③ 分析程序

一、分析程序用作风险评估程序

1. 总体要求

注册会计师在实施风险评估程序时，应当运用分析程序，以了解被审计单位及其环境。在这个阶段运用分析程序是**强制要求**。

2. 风险评估过程中运用的分析程序的特点

所使用的数据汇总性比较强，其对象主要是财务报表中账户余额及其相互之间的关系；所使用的分析程序通常包括对账户余额变化的分析，并辅之以趋势分析和比率分析。在风险评估过程中使用的分析程序所进行比较的性质、预期值的精确程度，以及所进行的分析和调查的范围都并**不足以提供很高的保证水平**。

【提示】注册会计师无需在了解被审计单位及其环境的每一方面都实施分析程序。例如，在对内部控制的了解中，注册会计师一般不会运用分析程序。

二、分析程序用作实质性程序

实质性分析程序可以直接提供认定层次是否存在重大错报的证据，它既可以单独使用，也可以与细节测试结合起来运用。

(1)在某些审计领域，如果重大错报风险较低且数据之间具有稳定的预期关系，注册会计师可以单独使用实质性分析程序获取充分、适当的审计证据。

(2)并未要求注册会计师在实施实质性程序时必须使用分析程序。

(3)分析程序有其运用的前提和基础，它并不适用于所有的财务报表认定，例如关于账户余额"权利和义务"的认定。

(4)实质性分析程序能够达到的精确度可能受到种种限制，所提供的证据很大程度上是间接证据，证明力相对较弱。

三、分析程序用于总体复核

1. 总体要求

(1)在审计结束或临近结束时，注册会计师运用分析程序的目的是确定财务报表整体是否与其对被审计单位的了解一致。这时运用分析程序是强制要求。

(2)在总体复核阶段实施的分析程序主要在于强调并解释财务报表项目自上个会计期间以来发生的重大变化，以证实财务报表中列报的所有信息与注册会计师对被审计单位及其环境的了解一致、与注册会计师取得的审计证据一致。

2. 分析程序用于总体复核的特点

(1)与风险评估阶段实施该程序的主要差别在于实施分析程序的时间和重点不同，以及所取得的数据的数量和质量不同。另外，因为在总体复核阶段实施的分析程序并非为了对特定账户余额和披露提供实质性的保证水平，因此，并不如实质性分析程序那样详细和具体，而往往集中在财务报表层次。

（2）运用分析程序进行总体复核时，如果识别出以前未识别的重大错报风险，注册会计师应当重新考虑对全部或部分各类交易、账户余额、列报评估的风险是否恰当，并在此基础上重新评价之前计划的审计程序是否充分，是否有必要追加审计程序。

历年真题

2017年

ABC会计师事务所的A注册会计师负责审计多家被审计单位2016年度财务报表。与审计工作底稿相关的部分事项如下：

（1）因无法获取充分、适当的审计证据，A注册会计师在2017年2月28日终止了甲公司2016年度财务报表审计业务。考虑到该业务可能重新启动，A注册会计师未将审计工作底稿归档。

（2）A注册会计师在出具乙公司2016年度审计报告日次日收到一份应收账款询证函回函，确认金额无误后将其归入审计工作底稿，未删除记录替代程序的原审计工作底稿。

（3）在将丙公司2016年度财务报表审计工作底稿归档后，A注册会计师知悉丙公司已于2017年4月清算并注销，认为无须保留与丙公司相关的审计档案，决定销毁。

（4）A注册会计师在丁公司2016年度审计工作底稿归档后，收到管理层寄回的书面声明原件，与已归档的传真件核对一致后，直接将其归入审计档案。

（5）A注册会计师获取了丁公司2016年年度报告的最终版本，阅读和考虑年度报告中的其他信息后，通过在年度报告封面上注明"已阅读"作为已执行工作的记录。

要求：针对上述第（1）至第（5）项，逐项指出A注册会计师的做法是否恰当。如不恰当，简要说明理由。

【答案】

（1）不恰当。A注册会计师应在审计业务中止后的60日内完成最终业务档案的归整工作。

（2）恰当。

【提示】A注册会计师已经出具乙公司2016年度审计报告，说明在出具审计报告时已经获取了充分、适当的审计证据，之前实施的替代审计程序是恰当的，无需删除，只需将回函纳入底稿中即可。

（3）不恰当。在完成最终审计档案的归整工作后，注册会计师不应在规定的保存期届满前删除或废弃任何性质的审计工作底稿。

（4）不恰当。注册会计师将管理层寄回的书面声明原件纳入底稿，会涉及变动底稿，所以应当记录修改或增加审计工作底稿的理由、修改或增加审计工作底稿的时间和人员、复核的时间和人员。

（5）不恰当。注册会计师应当记录实施的具体程序/应当记录阅读和考虑的程序，不能只说明"已阅读"。

2015 年

甲公司是 ABC 会计师事务所的常年审计客户。A 注册会计师负责审计甲公司 2014 年度财务报表。审计工作底稿中与分析程序相关的部分内容摘录如下：

（1）甲公司所处行业 2014 年度市场需求显著下降。A 注册会计师在实施风险评估分析程序时，以 2013 年财务报表已审数为预期值，将 2014 年财务报表中波动较大的项目评估为存在重大错报风险的领域。

（2）注册会计师对营业收入实施实质性分析程序，将实际执行的重要性作为已记录金额与预期值之间可接受的差异额。

（3）甲公司的产量与生产工人工资之间存在稳定的预期关系。A 注册会计师认为产量信息来自非财务部门，具有可靠性，在实施实质性分析程序时据以测算直接人工成本。

（4）A 注册会计师对运输费用实施实质性分析程序，确定已记录金额与预期值之间可接受的差异额为 200 万元，实际差异为 350 万元。A 注册会计师就超出可接受差异额的 200 万元询问了管理层，并对其答复获取了充分、适当的审计证据。

（5）A 注册会计师在审计过程中未提出审计调整建议，已审财务报表与未审财务报表一致，因此认为无需在临近审计结束时运用分析程序对财务报表进行总体复核。

要求：针对上述第（1）至第（5）项，逐项指出 A 注册会计师的做法是否恰当。如不恰当，提出改进建议。

【答案】

（1）不恰当。应根据 2014 年度的变化情况设定预期值。

（2）恰当。

（3）不恰当。测试与产量信息编制相关的内部控制/测试产量信息/应测试内部信息的可靠性。

（4）不恰当。应当针对 350 万元的差异进行调查。

（5）不恰当。在临近审计结束时，应当运用分析程序对财务报表进行总体复核/总体复核分析程序是必要程序。

2013 年

A 注册会计师负责审计甲公司 2012 年度财务报表。与审计工作底稿相关的部分事项如下：

（1）A 注册会计师在具体审计计划中记录拟对固定资产采购与付款循环采用综合性方案，因在测试控制时发现相关控制运行无效，将其改为实质性方案，重新编制具体审计计划工作底稿，并替代原具体审计计划工作底稿。

（2）A 注册会计师拟利用 2011 年度审计中获取的有关存货和成本循环的控制运行有效性的审计证据，将信赖这些控制的理由和结论记录于审计工作底稿。

（3）A 注册会计师在对销售发票进行细节测试时，将相关销售发票所载明的发票日期以及商品的名称、规格和数量作为识别特征记录于审计工作底稿。

（4）审计报告日后，A注册会计师对在审计报告日前收到的应付账款询证函回函中存在的差异进行调查，确认其金额和性质均不重大，并记录于审计工作底稿。

（5）在归整审计档案时，A注册会计师删除了固定资产减值测试审计工作底稿初稿。

（6）在完成审计档案归整工作后，A注册会计师收到一份应收账款询证函回函，其结果显示无差异。A注册会计师将其归入审计档案，并删除了在审计过程中实施的相关替代程序的审计工作底稿。

要求：针对上述第（1）至（6）项，逐项指出A注册会计师的做法是否恰当。如不恰当，简要说明理由。

【答案】

第（1）项，不恰当。注册会计师应在审计工作底稿中记录在审计过程中对具体审计计划作出的任何重大修改和理由。

第（2）项，恰当。

第（3）项，不恰当。识别特征应当具有唯一性，发票日期以及商品的名称、规格和数量不具有唯一性/注册会计师应当将销售发票编号作为识别特征记录于审计工作底稿。

第（4）项，不恰当。在出具审计报告前，注册会计师应当对收到的应付账款询证函回函中存在的差异进行调查，并记录于审计工作底稿。

第（5）项，恰当。

第（6）项，不恰当。在完成审计档案的归整工作后，注册会计师不应在规定的保存期限届满前删除或废弃任何性质的审计工作底稿。

2009 年

（新制度）A注册会计师负责对常年审计客户甲公司20×8年度财务报表进行审计，撰写了总体审计策略和具体审计计划，部分内容摘录如下：

（1）初步了解20×8年度甲公司及其环境未发生重大变化，拟依赖以往审计中对管理层、治理层诚信形成的判断。

（2）因对甲公司内部审计人员的客观性和专业胜任能力存有疑虑，拟不利用内部审计的工作。

（3）如对计划的重要性水平做出修正，拟通过修改计划实施的实质性程序的性质、时间和范围降低重大错报风险。

（4）假定甲公司在收入确认方面存在舞弊风险，拟将销售交易及其认定的重大错报风险评估为高水平，不再了解和评估相关控制设计的合理性并确定其是否已得到执行，直接实施细节测试。

（5）因甲公司于20×8年9月关闭某地办事处并注销其银行账户，拟不再函证该银行账户。

（6）因审计工作时间安排紧张，拟不函证应收账款，直接实施替代审计程序。

（7）20×8年度甲公司购入股票作为可供出售的金融资产核算。除实施询问程序外，预期无法获取有关管理层持有意图的其他充分、适当的审计证据，拟就询问结果获取管理层书面声明。

要求：针对上述事项(1)至(7)，逐项指出 A 注册会计师拟定的计划是否存在不当之处。如有不当之处，简要说明理由。

【答案】

(1)第(1)项不适当。注册会计师不应依赖以往审计中对管理层、治理层诚信形成的判断。

(2)第(2)项适当。

(3)第(3)项不适当。重大错报风险是客观存在的，不能通过修改计划实施的实质性程序的性质、时间和范围予以降低。

(4)第(4)项不适当。对于舞弊导致的财务报表重大错报风险，A 注册会计师应当评价被审计单位相关控制的设计情况，并确定其是否已得到执行。

(5)第(5)项不适当。A 注册会计师应当对所有银行存款账户(包括本期注销的账户)实施函证。

(6)第(6)项不适当。A 注册会计师应当对应收账款实施函证，除非有充分证据表明应收账款对财务报表不重要，或函证很可能无效。

(7)第(7)项适当。

2019年
预测题

预测

ABC 会计师事务所承接甲公司 2018 年度财务报表审计业务，其业务的性质和经营规模与其常年审计客户乙公司相类似，ABC 会计师事务所在制定总体审计策略和具体审计计划时，做了下列判断：

(1)由于甲公司与常年审计客户乙公司业务性质和规模相似，因此确定的重要性水平与乙公司相同。

(2)制定完成审计计划后，应按照计划执行审计程序，不能够改变计划。

(3)因对甲公司内部控制存有疑虑，拟不执行控制测试，而直接执行实质性程序。

(4)因甲公司存货存放于外省市，监盘成本高，拟不进行监盘，直接实施替代审计程序。

(5)注册会计师应当合理设计审计程序的性质、时间安排和范围，并有效执行审计程序，以控制检查风险。

要求：针对上述第(1)至(5)项，逐项指出注册会计师的做法是否恰当。如不恰当，简要说明理由。

【答案】

第(1)项不恰当。重要性的确定是根据具体环境做出的，不能仅根据两个公司的业务性质和规模相似，而使用相同的重要性水平。

第(2)项不恰当。计划审计工作不是一个孤立的阶段，而是一个持续、不断修正的过程，贯穿于审计业务的始终。

第(3)项恰当。

第(4)项不恰当。除非监盘程序不可行，否则注册会计师应对存货实施监盘程序。不能由于时间、成本等原因，减少必要的审计程序。

第(5)项恰当。

专题 十二 对舞弊和法律法规的考虑

考点梳理

押题点 ① 识别和评估舞弊导致的重大错报风险

(1)舞弊导致的重大错报风险属于需要注册会计师特别考虑的重大错报风险，即特别风险。

(2)在识别和评估由于舞弊导致的重大错报风险时，注册会计师应当基于收入确认存在舞弊风险的假定，评价哪些类型的收入、收入交易或认定导致舞弊风险。

(3)如果认为收入确认存在舞弊风险的假定不适用于业务的具体情况，从而未将收入确认作为由于舞弊导致的重大错报风险领域，注册会计师应当在审计工作底稿中记录得出该结论的理由。

押题点 ② 应对舞弊导致的重大错报风险

1. 总体应对措施(针对评估的由于舞弊导致的财务报表层次重大错报风险)

(1)在分派和督导项目组成员时，考虑承担重要业务职责的项目组成员所具备的知识、技能和能力，并考虑由于舞弊导致的重大错报风险的评估结果；

(2)评价被审计单位对会计政策(特别是涉及主观计量和复杂交易的会计政策)的选择和运用，是否可能表明管理层通过操纵利润对财务信息作出虚假报告；

(3)在选择审计程序的性质、时间安排和范围时，增加审计程序的不可预见性。

2. 针对舞弊导致的认定层次的重大错报风险实施的审计程序

(1)改变拟实施审计程序的性质，以获取更为可靠、相关的审计证据，或获取其他佐证性信息；

(2)改变实质性程序的时间，包括在期末或接近期末实施实质性程序，或针对本期较早时间发生的交易事项或贯穿于本会计期间的交易事项实施测试；

(3)改变审计程序的范围，包括扩大样本规模、采用更详细的数据实施分析程序等。

3. 针对管理层凌驾于控制之上的风险实施的程序

【提示】

(1)管理层凌驾于内部控制之上的风险属于特别风险。

(2)由于管理层在被审计单位的地位，管理层凌驾于控制之上的风险在所有被审计单位中都会存在。

无论对管理层凌驾于控制之上的风险的评估结果如何，注册会计师都应当设计和实施审计程序，用以：

（1）测试日常会计核算过程中作出的会计分录以及编制财务报表过程中作出的其他调整是否适当。

（2）复核会计估计是否存在偏向，并评价产生这种偏向的环境是否表明存在由于舞弊导致的重大错报风险。

（3）对于超出被审计单位正常经营过程的重大交易，或基于对被审计单位及其环境的了解以及在审计过程中获取的其他信息而显得异常的重大交易，评价其商业理由（或缺乏商业理由）是否表明被审计单位从事交易的目的是为了对财务信息作出虚假报告或掩盖侵占资产的行为。

押题点 ③ 会计分录测试

（1）管理层可能通过作出不恰当的会计分录或未经授权的会计分录来操作财务报表。

（2）在所有财务报表审计业务中，注册会计师都需要专门针对管理层凌驾于控制之上的风险设计和实施会计分录测试。

押题点 ④ 发现舞弊时对审计的影响

（1）如果发现某项错报，注册会计师应当考虑该项错报是否表明存在舞弊。如果存在舞弊的迹象，由于舞弊涉及实施舞弊的动机或压力、机会或借口，因此一个舞弊事项不太可能是一个孤立发生的事项，注册会计师应当评价对审计工作其他方面的影响，特别是对管理层声明可靠性的影响。

（2）如果识别出某项错报，并有理由认为该项错报是或可能是由于舞弊导致的，且涉及管理层，特别是涉及较高层级的管理层，无论该项错报是否重大，注册会计师都应当：

①重新评估舞弊导致的重大错报风险，并考虑重新评估的结果对审计程序的性质、时间安排和范围的影响；

②重新考虑此前获取的审计证据的可靠性，并考虑管理层与员工或第三方串通舞弊的可能性。

历 年 真 题

2011 年

A注册会计师负责审计甲公司2010年度财务报表。在审计过程中，A注册会计师遇到下列事项：

（1）甲公司拥有3家子公司，分别生产不同的饮料产品。甲公司所处行业整体竞争激烈，市场处于饱和状态，同行业公司的主营业务收入年增长率低于5%，但甲公司董事会仍要求管理层将2010年度主营业务收入增长率确定为8%。管理层编制的甲公司2010年度财务报表显示，已按计划实现收入。

（2）甲公司管理层除领取固定工资外，其奖金金额与当年完成主营业务收入的情况挂钩。

（3）在以前年度审计中，A注册会计师没有发现甲公司收入确认方面存在舞弊行为，因此，在2010年度审计中，A注册会计师未将收入确认作为由于舞弊导致的重大错报风险领域。

（4）在对日常会计核算过程中作出的会计分录以及编制财务报表过程中作出的其他调整进行测试时，A注册会计师向参与财务报告编制过程的人员询问了与处理会计分录和其他调整相关的不恰当或异常的活动。

要求：

（1）针对事项（1）和（2），分析甲公司是否存在舞弊风险因素，并简要说明理由。

（2）针对事项（3），分析A注册会计师未将收入确认作为由于舞弊导致的重大错报风险领域是否适当，并简要说明理由。

（3）针对事项（4），简要说明A注册会计师除实施询问程序外，还应当实施哪些程序。

【答案】

（1）存在舞弊风险因素。因为在事项（1）中，甲公司所处行业竞争激烈且市场处于饱和状态，甲公司超过行业平均增长率，管理层受到收入增长期望过高的压力；在事项（2）中，甲公司管理层报酬中有相当一部分取决于收入的完成情况。

（2）不适当。注册会计师应当在整个审计过程中保持职业怀疑，不应受到以前对管理层正直和诚信形成判断的影响，并且在识别和评估由于舞弊导致的重大错报风险时，注册会计师应当假定收入确认存在舞弊风险。

（3）注册会计师还应当选择在报告期末作出的会计分录和其他调整进行测试，并考虑是否有必要测试整个会计期间的会计分录和其他调整。

2019年
预测题

预测

ABC会计师事务所的A注册会计师受托担任甲公司2018年度财务报表审计业务的项目合伙人。审计工作底稿记录的与收入确认相关的情况如下：

（1）考虑到舞弊的隐蔽性较高，A注册会计师要求项目组成员通过观察和检查程序识别收入确认的舞弊风险，避免采用询问和分析程序。

（2）A注册会计师直接假定甲公司收入确认存在舞弊风险，但没有在审计工作底稿中记录得出该结论的理由。

（3）甲公司2018年度通过超出正常经营过程的重大关联方销售业务确认了大额销售收入，A注册会计师认为需要进一步考虑该类交易是否存在特别风险。

（4）甲公司与乙公司发生销售交易之后长期不进行结算，项目组成员将该事项视为舞弊的迹象，A注册会计师在复核工作底稿时没有提出质疑。

（5）尽管营业收入项目存在一项重大错报，但该错报与管理费用项目的重大错报相抵后对甲公司2018年度利润总额的影响明显微小，注册会计师认为营业收入项目的错报对财务报表不重大。

要求：针对上述情况（1）-（5），不考虑其他情况，逐项指出是否恰当。如认为存在不当之处，简要说明理由。

【答案】

（1）不恰当。注册会计师在风险评估中必须使用分析程序。

（2）恰当。

（3）不恰当。注册会计师应当将识别出的、超出被审计单位正常经营过程的重大关联方交易导致的风险确定为特别风险。

（4）恰当。

（5）不恰当。如果注册会计师认为某一单项错报是重大的，则该项错报不太可能被其他错报抵销。

专题一 风险-认定-内部控制-控制测试、实质性程序

考点梳理

押题点 根据资料判断风险、关联认定及与之相关的审计程序

要求：针对资料一第(1)至(5)项，结合资料二，假定不考虑其他条件，逐项指出资料一所列事项是否可能表明存在重大错报风险。如果认为可能表明存在重大错报风险，简要说明理由，并说明该风险主要与哪些财务报表项目的哪些认定相关(不考虑税务影响)。

解题方法：

1. 识别风险

资料一 非财务信息(不要怀疑它)

资料二 财务信息(上年数不怀疑，本年数根据资料一建立我的预期，再和资料二本年数账面数进行比较)，即：

根据资料一建立我的预期 VS 资料二给的财务信息

不一致的地方就是存在重大错报风险的领域。写理由时记得放一句收尾的话：可能存在××××(例如高估营业收入)的风险。

2. 将识别的重大错报风险与报表项目和认定挂钩

历年真题

2018年

风险-认定-审计计划-做法是否恰当(了解内部控制、控制测试、细节测试)/做法是否恰当(重大事项的处理)

上市公司甲公司是 ABC 会计师事务所的常年审计客户，主要从事汽车的生产和销售。

A 注册会计师负责审计甲公司 2017 年度财务报表，确定财务报表整体的重要性为 1000

万元，明显微小错报的临界值为 30 万元。

资料一：

A 注册会计师在审计工作底稿中记录了所了解的甲公司情况及其环境，部分内容摘录如下：

（1）2017 年，在钢材价格及劳动力成本大幅上涨的情况下，甲公司通过调低主打车型的价格，保持了良好的竞争力和市场占有率。

（2）2017 年，甲公司首款互联网汽车研发项目取得突破性进展，于 2017 年末开始量产。甲公司因此获得研发补助 1800 万元，并于 2017 年 12 月将相关开发支出转入无形资产。

（3）自 2017 年 1 月起，甲公司将产品质量保证金的计提比例由营业收入的 3% 调整为 2%。

（4）2017 年 12 月 31 日，甲公司以 1 亿元购入丙公司 40% 股权。根据约定，甲公司按持股比例享有丙公司自评估基准日 2017 年 6 月 30 日至购买日的净利润。

（5）2017 年 12 月，甲公司与非关联方丁公司签订意向书，以 3000 万元价格向其转让一批旧设备。2018 年 1 月，该交易获得批准并完成交付。

资料二：

A 注册会计师在审计工作底稿中记录了甲公司的财务数据，部分内容摘录如下：

金额单位：万元

项目	未审数	已审数
	2017 年	2016 年
营业收入	100000	95000
营业成本	89000	84500
销售费用—产品质量保证	2000	2850
投资收益—权益法核算（丙公司）	1200	0
其他收益—互联网汽车项目补助	1800	0
持有待售资产—拟销售给丁公司的设备	4200	0
长期股权投资—丙公司	11200	0
无形资产—互联网汽车开发项目	4000	0

资料三：

A 注册会计师在审计工作底稿中记录了审计计划，部分内容摘录如下：

（1）因评估的舞弊风险较高，A 注册会计师拟将甲公司全年的会计分录和其他调整作为会计分录测试的总体，针对该总体实施完整性测试，并选取所有金额超过 30 万元的异常项目进行测试。

（2）A 注册会计师认为仅实施实质性程序不能获取与成本核算相关的充分、适当的审计证据，因此，拟实施综合性方案：测试相关内部控制在 2017 年 1 月至 10 月期间的运行有效性，并对 2017 年 11 月至 12 月的成本核算实施细节测试。

（3）A 注册会计师在询问管理层、阅读内控手册并执行穿行测试后，尽管认为甲公司与关联方交易相关的内部控制设计合理，但不拟信赖，拟直接实施细节测试。

（4）因其他应收款和其他应付款的年初年末余额均低于实际执行的重要性，A注册会计师拟不对其实施进一步审计程序。

资料四：

A注册会计师在审计工作底稿中记录了实施进一步审计程序的情况，部分内容摘录如下：

（1）A注册会计师在测试与销售收款相关的内部控制时识别出一项偏差，经查系员工舞弊所致。因追加样本量进行测试后未再识别出偏差，A注册会计师认为相关内部控制运行有效，并向管理层通报了该项舞弊。

（2）A注册会计师选取甲公司的部分分公司实施库存现金监盘，发现某分公司存在以报销凭证冲抵现金的情况。因错报金额低于明显微小错报的临界值，A注册会计师未再实施其他审计程序。

（3）A注册会计师采用实质性分析程序测试甲公司2017年度的运输费用，已记录金额低于预期值500万元，因该差异低于实际执行的重要性，A注册会计师认可了已记录金额。

（4）A注册会计师在测试管理费用时发现两笔错报，分别为少计会议费40万元和多计研发支出50万元，因合计金额小于明显微小错报的临界值，未予累积。

资料五：

A注册会计师在审计工作底稿中记录了重大事项的处理情况，部分内容摘录如下：

（1）2018年1月初，甲公司对某型号汽车实施召回，免费更换安全气囊，预计将发生更换费用4000万元。管理层在2017年度财务报表中确认了该项费用并进行了披露。A注册会计师在对更换费用及相关披露实施审计程序后，认可了管理层的处理。

（2）因不同意A注册会计师提出的某些审计调整建议，管理层拒绝在书面声明中说明未更正错报单独或汇总起来对财务报表整体的影响不重大。考虑到未更正错报对财务报表的影响很小，A注册会计师同意管理层不提供该项声明。

（3）因未能在审计报告日前获取甲公司2017年年度报告，A注册会计师于审计报告日后从网上下载了甲公司公布的年度报告进行阅读，结果满意。

要求：

（1）针对资料一第（1）至（5）项，结合资料二，假定不考虑其他条件，逐项指出资料一所列事项是否可能表明存在重大错报风险。如果认为可能表明存在重大错报风险，简要说明理由，并说明该风险主要与哪些财务报表项目的哪些认定相关（不考虑税务影响）。将答案直接填入答题区的相应表格内。

事项序号	是否可能表明存在重大错报风险（是/否）	理由	财务报表项目名称及认定
（1）			
（2）			
（3）			
（4）			
（5）			

（2）针对资料三第（1）至（4）项，假定不考虑其他条件，逐项指出审计计划的内容是否恰当。如不恰当，简要说明理由。将答案直接填入答题区的相应表格内。

事项序号	是否恰当（是/否）	理由
（1）		
（2）		
（3）		
（4）		

（3）针对资料四第（1）至（4）项，假定不考虑其他条件，逐项指出 A 注册会计师的做法是否恰当。如不恰当，简要说明理由。将答案直接填入答题区的相应表格内。

事项序号	是否恰当（是/否）	理由
（1）		
（2）		
（3）		
（4）		

（4）针对资料五第（1）至（3）项，假定不考虑其他条件，逐项指出 A 注册会计师的做法是否恰当。如不恰当，简要说明理由。将答案直接填入答题区的相应表格内。

事项序号	是否恰当（是/否）	理由
（1）		
（2）		
（3）		

【答案】

（1）

事项序号	是否可能表明存在重大错报风险（是/否）	理由	财务报表项目名称及认定
（1）	是	在原材料和人工成本上涨，而主要产品价格下降的情况下，毛利率仍与上年相当，可能存在多计收入、少计成本的风险	营业收入（发生） 营业成本（完整性/准确性）
（2）	是	互联网汽车开发资本化形成无形资产，相关补助可能是与资产相关的政府补助，可能存在多计其他收益的风险	其他收益（发生） 递延收益（完整性）/无形资产（计价和分摊）
（3）	是	该事项涉及会计估计变更且金额重大，可能存在少计预计负债和销售费用的风险	销售费用（准确性） 预计负债（计价和分摊）

续表

事项序号	是否可能表明存在重大错报风险(是/否)	理由	财务报表项目名称及认定
(4)	是	长期股权投资购入之后才能采用权益法核算/权益法确认的投资收益不应包括购买前的损益,可能存在多计投资收益和长期股权投资的风险	长期股权投资(计价和分摊) 投资收益(准确性)
(5)	是	截至2017年末,转让交易未经批准,尚不满足划分为持有待售资产的条件,可能存在多计持有待售资产的风险;转让价格低于账面值,可能存在少计资产减值准备的风险	持有待售资产(存在) 固定资产(完整性) 固定资产(计价和分摊) 资产减值损失(准确性)

(2)

事项序号	是否恰当(是/否)	理由
(1)	否	金额大小不是选取测试异常项目的考虑因素/应测试所有异常项目
(2)	否	还应当对内部控制在剩余期间的运行有效性获取审计证据。细节测试的总体应当是全年的成本核算/还应当对1月至10月的成本核算实施细节测试
(3)	是	—
(4)	否	其他应付款存在低估风险/还应当考虑舞弊风险,不能仅因为其金额低于实际执行的重要性而不实施进一步审计程序

(3)

事项序号	是否恰当(是/否)	理由
(1)	否	控制偏差系由舞弊导致,扩大样本规模通常无效/该内部控制无效
(2)	否	该错报可能是系统性错报/其他分公司可能也会存在类似的错报/A注册会计师应当调查其他分公司是否有类似情况
(3)	否	应将差异额与可接受差异额比较
(4)	否	两笔错报金额均大于明显微小错报的临界值/两笔错报不能相互抵销,应予以累积

(4)

事项序号	是否恰当(是/否)	理由
(1)	是	—
(2)	否	注册会计师仍应当要求管理层提供有关未更正错报的书面声明/书面声明可以增加有关不同意某事项构成错报的表述
(3)	否	注册会计师应当获取管理层提供的年度报告的最终版本/不应在网上下载。应当在公布前获取年度报告

风险-认定-审计计划-做法是否恰当(了解内控、控制测试、细节测试)/做法是否恰当(重大事项)

ABC 会计师事务所首次接受委托，审计上市公司甲公司 2016 年度财务报表，委派 A 注册会计师担任项目合伙人。A 注册会计师确定财务报表整体的重要性为 1200 万元。甲公司主要提供快递物流服务。

资料一：

A 注册会计师在审计工作底稿中记录了所了解的甲公司情况及其环境，部分内容摘录如下：

(1)2016 年 3 月，甲公司股东大会批准一项利润分享计划。如 2016 年度实现净利润较上年度增长 20%以上，按净利润增长部分的 10%给予管理层奖励。

(2)2015 年 6 月，甲公司开始经营航空快递业务，以经营租赁方式租入 2 架飞机，租期五年。管理层按实际飞行小时和预计每飞行小时维修费率计提租赁期满退租时的大修费用。2016 年 1 月起，甲公司航空运输服务降价 40%，业务出现爆发式增长。

(3)2016 年 9 月，甲公司出资 500 万元与非关联方乙公司共同投资设立丙公司，持有其45%股权，并按持股比例享有其净资产。丙公司的重大生产经营和财务决策须由股东双方共同作出。甲公司将丙公司作为合营企业核算。

(4)2016 年 4 月，甲公司推出加盟营运模式。一次性收取加盟费 50 万元，提供五年加盟期间的培训和网络服务。2016 年度甲公司共收到加盟费 3000 万元。

(5)2016 年 6 月，甲公司向丁公司预付 1000 万元用于某部电影拍摄，不享有收益权和版权。丁公司承诺在该电影中植入三分钟甲公司广告，如该电影不能上映，全额退款。2017 年1 月，该电影已取得发行放映许可证，将于 2017 年春节上映。

资料二：

A 注册会计师在审计工作底稿中记录了甲公司的财务数据，部分内容摘录如下：

金额单位：万元

项目	未审数	已审数
	2016 年	2015 年
营业收入—航空运输收入	32000	8000
营业收入—加盟费收入	3000	0
投资收益—丙公司	30	0
净利润	19500	16000
预付款项—丁公司	1000	0
应付职工薪酬—管理层利润分享	350	0
长期应付款—退租大修费用	2400	600

资料三：

A注册会计师在审计工作底稿中记录了审计计划，部分内容摘录如下：

（1）A注册会计师拟与治理层沟通计划的审计范围和时间安排，为避免损害审计的有效性，沟通内容不包括识别出的重大错报风险以及应对措施。

（2）A注册会计师评价认为前任注册会计师具备专业胜任能力，因此，拟通过查阅其审计工作底稿，获取与非流动资产和非流动负债期初余额相关的审计证据。

（3）甲公司应收账款会计每月末向排名前10位的企业客户寄送对账单，并调查回函差异。因该控制仅涉及一小部分应收账款余额，A注册会计师拟不测试该控制，直接实施实质性程序。

（4）甲公司的个人快递业务交易量巨大，单笔金额较小。因无法通过实施细节测试获取充分、适当的审计证据，也无法有效实施实质性分析程序，A注册会计师拟在审计该类收入时全部依赖控制测试。

资料四：

A注册会计师在审计工作底稿中记录了实施的进一步审计程序，部分内容摘录如下：

（1）在采用审计抽样测试甲公司付款审批控制时，A注册会计师确定总体为2016年度的所有付款单据，抽样单元为单张付款单据，选取2016年12月26日至12月31日的全部付款单据共计80张作为样本，测试结果满意。

（2）甲公司收入交易高度依赖信息系统。ABC事务所的信息技术专家对甲公司信息技术一般控制和与收入相关的信息技术应用控制进行了测试，结果满意。

（3）甲公司2016年末应收票据余额重大。A注册会计师于2016年12月31日检查了这些票据的复印件，并核对了相关信息，结果满意。

（4）甲公司的某企业客户利用甲公司的快递服务，向A注册会计师寄回了询证函回函。A注册会计师认为回函可靠性受到影响，重新发函并要求该客户通过其他快递公司寄回询证函。

（5）A注册会计师发现甲公司未与部分快递员签订劳动合同且未缴纳社保金。管理层解释系快递员流动频繁所致。A注册会计师检查了甲公司人事部门的员工入职和离职记录，认为解释合理，未再实施其他审计程序。

资料五：

A注册会计师在审计工作底稿中记录了审计完成阶段的工作，部分内容摘录如下：

（1）甲公司2016年末的一项重大未决诉讼在审计报告日前终审结案，管理层根据判决结果调整了2016年度财务报表。A注册会计师检查了法院判决书以及甲公司的账务处理和披露，结果满意，未再实施其他审计程序。

（2）因仅实施替代程序无法获取充分、适当的审计证据，A注册会计师就一份重要的询证函通过电话与被询证方确认了函证信息并被告知回函已寄出，于当日出具了审计报告。A注册会计师于次日收到回函，结果满意。

（3）A注册会计师未能在审计报告日前获取甲公司2016年年度报告的最终版本，因此，未要求管理层提供有关其他信息的书面声明。

要求：（1）针对资料一第（1）至（5）项，结合资料二，假定不考虑其他条件，逐项指出资料一所列事项是否可能表明存在重大错报风险。如果认为可能表明存在重大错报风险，简要说明理由。如果认为该风险为认定层次重大错报风险，说明该风险主要与哪些财务报表项目(仅限于应收账款、预付款项、预收款项、应付职工薪酬、长期应付款、营业收入、营业成本、销售费用、投资收益)的哪些认定相关(不考虑税务影响)。

事项序号	是否可能表明存在重大错报风险(是/否)	理由	财务报表项目名称及认定
(1)			
(2)			
(3)			
(4)			
(5)			

(2)针对资料三第(1)至(4)项，假定不考虑其他条件，逐项指出审计计划的内容是否恰当。如不恰当，简要说明理由。

事项序号	是否恰当(是/否)	理由
(1)		
(2)		
(3)		
(4)		

(3)针对资料四第(1)至(5)项，假定不考虑其他条件，逐项指出A注册会计师的做法是否恰当。如不恰当，简要说明理由。

事项序号	是否恰当(是/否)	理由
(1)		
(2)		
(3)		
(4)		
(5)		

(4)针对资料五第(1)至(3)项，假定不考虑其他条件，逐项指出A注册会计师的做法是否恰当。如不恰当，简要说明理由。

事项序号	是否恰当(是/否)	理由
(1)		
(2)		
(3)		

【答案】

（1）

事项序号	是否可能表明存在重大错报风险（是/否）	理由	财务报表项目名称及认定
（1）	是	甲公司股东大会批准的利润分享计划，要求2016年度实现净利润较上年度增长20%以上，根据资料二财务数据显示，甲公司净利润较上年度增长21.88%，刚好实现了甲公司股东大会要求的利润增长目标，可能表明财务报表存在舞弊导致的重大错报风险	—
（2）	是	甲公司新业务收入增长迅猛且金额重大/可能存在多计收入的风险。 甲公司按实际飞行小时计提退租大修费用，2016年度计提的该项费用较上年的增长比例远低于航空货运收入/实际飞行小时的增长比例/存在少计大修费用的风险	应收账款（存在） 营业收入（发生） 营业成本（完整性/准确性） 长期应付款（完整性/计价和分摊）
（3）	否	—	—
（4）	是	对于一次性收取服务费，并提供后续服务的，应在合同或协议规定的有效期内分期确认收入，而根据资料二，甲公司将3000万元的加盟费收入全部确认在2016年度，存在高估营业收入、低估预收款项的重大错报风险	预收款项（完整性） 营业收入（发生）
（5）	否	—	—

（2）

事项序号	是否恰当（是/否）	理由
（1）	否	A注册会计师拟与治理层沟通计划的审计范围和时间安排时，沟通的事项可能包括拟如何应对由于舞弊或错误导致的特别风险以及重大错报风险评估水平较高的领域
（2）	否	A注册会计师还应考虑前任注册会计师的独立性
（3）	是	—
（4）	否	虽然个人快递业务单笔金额较小，但是金额重大，应实施实质性程序

（3）

事项序号	是否恰当（是/否）	理由
（1）	否	A 注册会计师应当将全年的全部付款单据作为总体选取样本
（2）	是	—
（3）	否	应收票据余额重大，仅检查应收票据复印件不能获取充分、适当的审计证据，还应检查应收票据原件，或实施其他适当的程序等
（4）	是	
（5）	否	甲公司未与部分快递员签订劳务合同且未缴纳社保金，可能违反劳动法，注册会计师应当评价违法违规行为对财务报表可能产生的影响，与治理层沟通该事项

（4）

事项序号	是否恰当（是/否）	理由
（1）	是	—
（2）	否	口头回复不能作为可靠的审计证据，需要收到询证函回函，确认无误后才能出具审计报告
（3）	否	如果组成年度报告的部分或全部文件在审计报告日后才能取得，需要求管理提供书面声明

2016 年

风险-认定-审计计划-做法是否恰当（了解内控、控制测试、细节测试）/做法是否恰当（重大事项）

上市公司甲公司是 ABC 会计师事务所的常年审计客户，从事肉制品加工和销售。A 注册会计师负责审计甲公司 2015 年的财务报表，确定的财务报表整体重要性水平为 100 万元，财务报表的批准报告日为 2016 年 4 月 30 日。

资料一：2015 年 3 月 15 日，X 媒体曝光甲公司某批次产品存在严重的食品安全问题。在审计计划阶段，A 注册会计师就此事项及相关影响与管理层进行了沟通，部分内容摘录如下：

（1）受食品安全事件的影响，甲公司产品出现滞销，为恢复市场占有率，甲公司未因本年度成本大幅上涨而提高售价，当年销量逐步回升。

（2）甲公司每年向母公司支付商标使用权费 300 万元，2015 年母公司豁免了该项费用。

（3）2015 年，甲公司多名关键员工离职。管理层正考虑一项员工激励计划，向服务至2018 年末的员工发放特别奖金。因计划未确定，管理层未在 2015 年财务报表中确认。

（4）对产品进行升级，2015 年末，甲公司以其持有的账面价值为 500 万元的长期股权投资从非关联方换入账面价值为 400 万元的专利权，并收到补价 100 万元，换入资产和换出资产的公允价值均不能可靠计量。

（5）为增收节支，甲公司董事会决定将管理人员迁至厂区办公，并自 2015 年 12 月 1 日起将 2 号办公楼出租给乙公司，租期 10 年。管理层在起租日将该办公楼转为投资性房地产，采用公允价值模式计量。

资料二：

A 注册会计师在审计工作底稿中记录了甲公司的财务数据，部分内容摘录如下：

金额单位：万元

项目	未审数	已审数
	2015	2014
营业收入	7200	7500
营业成本	4900	5000
管理费用——商标使用费	300	300
营业外收入——母公司豁免商标使用费	300	0
投资收益——非货币资产交换	100	0
公允价值变动收益——投资性房地产（二号楼）	4000	0
投资性房地产——成本（二号楼）	10000	0
无形资产——非货币性资产交换换入专利权	500	0

材料三：

A 注册会计师在审计工作底稿中记录了审计计划，部分内容摘录如下：

（1）拟实施的进一步审计程序的范围是：金额高于实际执行的重要性财务报表项目；金额低于实际执行的重要性但存在舞弊风险的财务报表项目。

（2）注册会计师拟复核和评价甲公司内部审计人员编制的内部控制说明和流程图，以了解内部控制是否发生变化，并对拟信赖的控制实施测试。

（3）A 注册会计师和项目组成员就甲公司财务报表存在重大错报风险的可能性等事项进行讨论。因项目组某关键成员无法参加会议，拟由项目组其他成员选取相关事项向其通报。

（4）2015 年有多名消费者起诉甲公司，管理层聘请外部律师担任诉讼代理人。A 注册会计师亲自向律师寄发由管理层编制的询证函，并要求与律师进行直接沟通。

资料四：

甲公司的部分原材料向农户采购，财务人员办理结算时应查验农户身份证，并将身份证复印件及农户签字的收据作为付款凭证附件。2000 元以上的付款应当通过银行存款转账。A 注册会计师在审计工作底稿中记录了与采购与付款交易相关的审计工作，部分内容摘录如下：

（1）2015 年 10 月，A 注册会计师在观察原材料验收流程时发现某农户向验收人员支付回扣，以提高核定的品质等。A 注册会计师认为该事项不重大，在审计完成阶段向管理层通报了该事项。

（2）A注册会计师在实施控制测试时，发现一笔8000元的采购交易被拆分成八笔，以现金支付。财务经理解释该农户无银行卡，A注册会计师询问了该农户，对控制测试结果满意。

（3）A注册会计师在实施细节测试时，发现有一笔付款凭证后未附农户身份证复印件。财务经理解释付款时已查验原件，忘记索要复印件。A注册会计师询问了农户，验证了签字的真实性，并扩大样本规模，未发现其他例外事项，结果满意。

资料五：

A注册会计师在审计工作底稿中记录了重大事项的处理情况，部分内容摘录如下：

（1）2016年2月，甲公司因2015年食品安全事件向主管部门缴纳罚款300万元，管理层在2015年度财务报表中将其确认为营业外支出。A注册会计师检查了处罚文件和付款单据，认可了管理层的处理。

（2）审计过程中累积的错报合计数为200万元。因管理层已经全部更正，A注册会计师认为错报对审计工作和审计报告均无影响。

（3）甲公司2015年末营运资金为负数，大额银行借款将于2016年到期，存在导致持续经营能力产生重大疑虑的事项。A注册会计师评估后认为管理层的应对计划可行，甲公司持续经营能力不存在重大不确定性，无需与治理层沟通。

（4）因甲公司2015年末多项诉讼的未来结果具有重大不确定性，A注册会计师拟在审计报告中增加强调事项段，与治理层就该事项和拟使用的报告措辞进行了沟通。

要求：

（1）针对资料一第（1）至（5）项，结合资料二，假定不考虑其他事项，逐项指出资料一所列事项是否可能表明存在重大错报风险，如果认为可能存在重大错报风险，简要说明理由，并说明该风险与哪些财务报表项目（仅限于应收账款、存货、投资性房地产、无形资产、应付职工薪酬、资本公积、营业收入、营业成本、销售费用、管理费用、公允价值变动收益、投资收益、营业外收入）的哪些认定相关（不考虑税务影响）。

事项序号	是否可能表明存在重大错报风险（是/否）	理由	财务报表项目名称及认定
（1）			
（2）			
（3）			—
（4）			
（5）			

（2）针对资料三的第（1）至（4）项，假定不考虑其他条件，逐项指出审计计划的内容是否恰当，如不恰当，简要说明理由。

事项序号	是否恰当（是/否）	理由
（1）		
（2）		

续表

事项序号	是否恰当（是/否）	理由
(3)		
(4)		

（3）针对资料四的第（1）至（3）项，假定不考虑其他条件，逐项指出 A 注册会计师的做法是否恰当。如不恰当，简要说明理由。

事项序号	是否恰当（是/否）	理由
(1)		
(2)		
(3)		

（4）针对资料五的第（1）至（4）项，假定不考虑其他条件，逐项指出 A 注册会计师的做法是否恰当。如不恰当，简要说明理由。

事项序号	是否恰当（是/否）	理由
(1)		
(2)		
(3)		
(4)		

【答案】

（1）

事项序号	是否可能表明存在重大错报风险（是/否）	理由	财务报表项目名称及认定
(1)	是	甲公司 2015 年毛利率为 32%，2014 年为 33%，与成本大幅上涨不符，可能存在少计营业成本、多计营业收入的风险	营业成本（完整性） 存货（存在） 应收账款（存在） 营业收入（发生/准确性）
(2)	是	豁免的商标使用费应计入到资本公积，存在多计营业外收入、少计资本公积的风险	营业外收入（发生） 资本公积（完整性）
(3)	否	—	—
(4)	是	换入资产和换出资产的公允价值不能可靠计量，应以换出资产的账面价值为基础确认换入资产成本/补价不能确认收益，存在多计投资收益、多计无形资产的风险	无形资产（计价和分摊） 投资收益（发生）

续表

事项序号	是否可能表明存在重大错报风险（是/否）	理由	财务报表项目名称及认定
（5）	是	该项目投资性房地产的公允价值在一个月内上涨40%，可能存在多计公允价值变动收益的风险	公允价值变动收益（准确性）投资性房地产（计价和分摊）

（2）

事项序号	是否恰当（是/否）	理由
（1）	否	单个金额低于实际执行的重要性的项目汇总起来金额可能重大，需要考虑汇总后的潜在风险；对存在低估风险的财务报表项目，不能因为其金额低于实际执行的重要性而不实施进一步审计程序
（2）	是	—
（3）	否	不应由项目组其他成员确定通报内容/需由项目合伙人确定通报内容
（4）	是	—

（3）

事项序号	是否恰当（是/否）	理由
（1）	否	应当尽快与管理层进行沟通
（2）	否	控制未得到执行
（3）	是	—

（4）

事项序号	是否恰当（是/否）	理由
（1）	是	—
（2）	否	累积的错报合计数200万元超过财务报表整体的重要性，没有考虑对审计工作的影响应当确定是否需要考虑修改审计计划。 【提示】依据审计准则第1251号第七条
（3）	否	存在导致对持续经营能力产生重大疑虑的事项，应当与治理层进行沟通。 【提示】依据审计准则第1324号第二十四条
（4）	是	—

审计准则第 1251 号第七条：

第七条　如果出现下列情况之一，注册会计师应当确定是否需要修改总体审计策略和具体审计计划：

（一）识别出的错报的性质以及错报发生的环境表明可能存在其他错报，并且可能存在的其他错报与审计过程中累积的错报合计起来可能是重大的；

（二）审计过程中累积的错报合计数接近按照《中国注册会计师审计准则第 1221 号——计划和执行审计工作时的重要性》的规定确定的重要性。

审计准则第 1324 号第二十四条

第二十四条　注册会计师应当与治理层就识别出的可能导致对被审计单位持续经营能力产生重大疑虑的事项或情况进行沟通，除非治理层全部成员参与管理被审计单位。

与治理层的沟通应当包括下列方面：

（一）这些事项或情况是否构成重大不确定性；

（二）管理层在编制财务报表时运用持续经营假设是否恰当；

（三）财务报表中的相关披露是否充分；

（四）对审计报告的影响（如适用）。

2014 年

风险-认定-审计计划-控制测试(关注程序是否恰当)/实质性程序(关注程序是否恰当)-判断错报影响

甲公司是 ABC 会计师事务所的常年审计客户。A 注册会计师负责审计甲公司 2013 年度财务报表，确定财务报表整体的重要性为 240 万元。

资料一：A 注册会计师在审计工作底稿中记录了所了解的甲公司情况及其环境，部分内容摘录：

（1）甲公司原租用的办公楼月租金为 50 万元。自 2013 年 10 月 1 日起，甲公司租用新办公楼，租期一年，月租金 80 万元，免租期 3 个月。

（2）2012 年度，甲公司直销了 100 件 a 产品。2013 年，甲公司引入经销商买断销售模式，对经销商的售价是直销价的 90%，直销价较 2012 年基本没有变化。2013 年度，甲公司共销售 150 件 a 产品，其中 20% 销售给经销商。

（3）2013 年 10 月，甲公司推出新产品 b 产品，单价 60 万元。合同约定，客户在购买产品一个月后付款；如果在购买产品三个月内发现质量问题，客户有权退货。截至 2013 年 12 月 31 日，甲公司售出 10 件 b 产品。因上市时间较短，管理层无法合理估计退货率。

（4）2013 年 10 月，甲公司与乙公司签订销售合同，按每件 150 万元的价格为其定制 20 件 c 产品，约定 2014 年 3 月交货，如不能按期交货，甲公司需支付总价款的 20% 作为违约金。签订合同后，原材料价格上涨导致 c 产品成本上升。截至 2013 年 12 月 31 日，甲公司已生产 10 件 c 产品，单位成本为 175 万元。

（5）2013 年 12 月，甲公司首次获得 200 万元政府补助。相关文件规定，该补助用于补偿历年累计发生的污水处理支出。

（6）甲公司自2011年起研发一项新产品技术，于2013年12月末完成技术开发工作，并确认无形资产300万元。甲公司拟将其出售，因受国家产业政策的影响，市场对该类新产品尚无需求。

资料二：A注册会计师在审计工作底稿中记录了甲公司的财务数据，部分内容摘录如下：

金额单位：万元

项目	2013年（未审数）			2012年（已审数）
	a产品	b产品	c产品	a产品
营业收入	11750	600	0	8000
管理费用——污水处理	150			100
管理费用——租赁费	450			600
管理费用——研发费	0			200
其他收益——政府补助	200			0
税前利润	180			100
应收账款	500	260	0	400
存货——产成品	900	80	1750	800
存货——存货跌价准备	0	0	（250）	0
无形资产——非专利技术	300			0

资料三：A注册会计师在审计工作底稿中记录了审计计划，部分内容摘录如下：

（1）A注册会计师认为，如果发生与关联方及其交易相关的财务报表项目和披露错报，即使其金额低于财务报表整体重要性，仍可能影响财务报表使用者依据财务报表作出的经济决策，因此，确定与关联方及其交易相关的财务报表项目和披露的重要性水平为150万元。

（2）2013年，甲公司以8000万元的价格向关联方购买一条生产线。A注册会计师认为该交易超出甲公司正常经营过程，很可能不存在相关的内部控制，拟直接实施实质性程序。

（3）甲公司2013年度销售费用为900万元。A注册会计师认为重大错报风险较低，拟仅实施控制测试。

资料四：A注册会计师在审计工作底稿中记录了实施的控制测试，部分内容摘录如下：

序号	控制	控制测试
（1）	财务总监负责审批金额超过50万元的付款申请单，并在系统中进行电子签署	A注册会计师从系统中导出已经财务总监审批的付款申请单，抽取样本进行检查
（2）	超过赊销额度的赊销由销售总监和财务经理审批。自2013年11月1日起，改为由销售总监和财务总监审批	A注册会计师测试了2013年1月至10月的该项控制，并于2014年1月询问了销售总监和财务总监控制在剩余期间的运行情况未发现偏差。A注册会计师认为控制在2013年度运行有效

续表

序号	控制	控制测试
(3)	财务人员将原材料订购单、供应商发票和入库单核对一致后，编制记账凭证(附上述单据)并签字确认	A注册会计师抽取了若干记账凭证及附件，检查是否经财务人员签字

资料五：A注册会计师在审计工作底稿中记录了实施的实质性程序，部分内容摘录如下：

(1)甲公司年末应付账款余额为1000万元。A注册会计师选取前10大供货商实施函证，均收到回函。回函显示一笔5万元的差异，管理层同意调整。因回函总额占应付账款余额的70%，错报明显微小且已更正，A注册会计师没有对剩余总体实施其他审计程序。

(2)2013年底，甲公司存在重大未决诉讼，内部法律顾问和外聘律师均认为败诉可能性较低，因此，管理层没有确认预计负债。A注册会计师认为该事项存在重大错报风险，检查了相关文件，并获取了管理层和内部法律顾问的书面声明，据此认可管理层的判断。

(3)甲公司财务人员手工编制了应收账款账龄分析表。A注册会计师了解了相关控制，认为控制设计有效，并就账龄分析表中账龄结构变化较大的项目询问了相关人员。A注册会计师基于该账龄分析表测试了坏账准备中按账龄法计提的部分。

资料六：A注册会计师在审计过程中识别并累积了3笔错报，并认为这些错报均不重大，同意管理层不予调整。甲公司2013年度未更正错报列示如下(不考虑税务影响)：

金额单位：万元

序号	错报说明	借方项目	贷方项目	金额
(1)	2014年的管理费用计入2013年度	其他应付款	管理费用	50
(2)	2013年末提前确认a产品销售收入	营业收入	应收账款	1000
		存货	营业成本	900
(3)	少计提固定资产减值准备	资产减值损失	固定资产	150

要求：

(1)针对资料一第(1)至(6)项，结合资料二，假定不考虑其他条件，逐项指出资料一所列事项是否可能表明存在重大错报风险。如果认为可能表明存在重大错报风险，简要说明理由，并说明该风险主要与哪些财务报表项目的哪些认定相关(不考虑税务影响)。

事项序号	是否可能表明存在重大错报风险(是/否)	理由	财务报表项目名称及认定
(1)			
(2)			
(3)			
(4)			

续表

事项序号	是否可能表明存在重大错报风险（是/否）	理由	财务报表项目名称及认定
（5）			
（6）			

（2）针对资料三第（1）至（3）项，假定不考虑其他条件，逐项指出资料三所列审计计划是否恰当。如不恰当，简要说明理由。

事项序号	审计计划是否恰当（是/否）	理由
（1）		
（2）		
（3）		

（3）针对资料四第（1）至（3）项，假定不考虑其他条件，逐项指出资料四所列控制测试是否恰当。如不恰当，提出改进建议。

事项序号	控制测试是否恰当（是/否）	改进建议
（1）		
（2）		
（3）		

（4）针对资料五第（1）至（3）项，假定不考虑其他条件，逐项指出资料五所列实质性程序是否恰当。如不恰当，简要说明理由。

事项序号	实质性程序是否恰当（是/否）	理由
（1）		
（2）		
（3）		

（5）针对资料六，结合资料二，假定不考虑其他条件，指出 A 注册会计师的判断存在哪些不当之处，并简要说明理由。

【答案】

（1）

事项序号	是否可能表明存在重大错报风险（是/否）	理由	财务报表项目名称及认定
（1）	是	应在免租期内确认租金费用和负债，存在少计管理费用和负债的风险	管理费用（完整性） 其他应付款（完整性）

续表

事项序号	是否可能表明存在重大错报风险(是/否)	理由	财务报表项目名称及认定
(2)	否	—	—
(3)	是	b产品附有销售退回条件,且不能合理估计退货可能性,不满足收入确认条件,可能存在多计营业收入和成本的风险	营业收入(发生)/应收账款(存在) 营业成本(发生)/存货(完整性)
(4)	是	该合同为亏损合同,且满足预计负债的确认条件,但是甲公司没有对预计损失超过已计提准备部分确认预计负债。存在少确认预计负债的风险	营业外支出(完整性) 预计负债(完整性)
(5)	否		
(6)	是	甲公司无法证明该无形资产能够给企业带来经济利益,可能存在多计无形资产的风险	管理费用(完整性) 无形资产(存在)

（2）

事项序号	审计计划是否恰当(是/否)	理由
(1)	是	—
(2)	否	超出正常经营过程的重大关联方交易应确定为特别风险,应了解相关的内部控制
(3)	否	针对重大类别的交易仅实施控制测试不足够/应针对重大类别的交易实施实质性程序

（3）

事项序号	控制测试是否恰当(是/否)	改进建议
(1)	否	控制测试的总体应为所有金额超过50万元的付款申请单
(2)	否	应实施询问以外的其他测试程序
(3)	否	应当对记账凭证后附的原材料订购单、供应商发票和入库单进行检查

（4）

事项序号	实质性程序是否恰当(是/否)	理由
(1)	否	选取特定项目的测试不能为剩余总体提供审计证据/剩余总体可能存在重大错报

续表

事项序号	实质性程序是否恰当（是/否）	理由
（2）	否	没有与外部法律顾问直接沟通/没有向外部法律顾问寄发询证函/没有向外部法律顾问寄发询问函
（3）	否	没有测试账龄分析表信息的准确性和完整性

（5）①对第 2 笔未更正错报的判断不当。注册会计师需要考虑每一单项错报，以评价其对相关类别交易、账户余额或披露的影响/不能以抵消后的影响评估错报是否重大/营业收入和营业成本的错报金额重大。②对 3 笔未更正错报汇总影响的判断不当。汇总错报将导致甲公司由盈转亏/掩盖了损益变化的趋势。

2013 年

风险–认定–内部控制（缺陷）–控制测试/实质性程序（关注程序结果）–续写审计报告

（改）甲公司是 ABC 会计师事务所的常年审计客户，拥有乙公司和丙公司两家联营公司。甲公司主要从事建材的生产、销售以及建筑安装工程。A 注册会计师负责审计甲公司 2012 年度财务报表，拟于 2013 年 4 月 1 日出具审计报告。财务报表整体的重要性为 25 万元。

资料一：A 注册会计师在审计工作底稿中记录了所了解的甲公司情况及其环境，部分内容摘录如下：

（1）甲公司采用经销商买断方式销售 a 产品和 b 产品。2012 年度，a 产品的建议市场零售价、出厂价和单位生产成本较 2011 年基本没有变化。b 产品是甲公司 2012 年 2 月推出的新产品，其建议市场零售价比 a 产品高 20%。a 产品和 b 产品的单位生产成本接近，其出厂价分别低于各自建议市场零售价的 10% 和 20%。

（2）a 产品于 2012 年 11 月停产。2012 年末，某经销商采用交款提货方式购买最后一批产品。甲公司已收到货款 200 万元，并已开具发票和发运凭单。经销商在验收时发现该批产品质量不符合合同要求，双方尚未就解决方案达成一致意见。

（3）甲公司的记账本位币为人民币。2012 年 9 月，甲公司与某德国客户签订合同，按固定销售价格定制 10000 件 C 产品，以欧元计价和结算。甲公司一次性投料生产该批产品，并于 2012 年 10 月 1 日销售 1000 件，其余 9000 件按合同约定于 2013 年 1 月销售。甲公司未生产其他批次 C 产品。（假定 2012 年 10 月 1 日即期汇率为 1 欧元 = 8.4 元人民币，2012 年 12 月 31 日即期汇率为 1 欧元 = 8 元人民币）

（4）甲公司于 2012 年 3 月 1 日借入 2000 万元、年利率为 8% 的专门借款，用于已开工建设并预计于 2013 年末完工的新生产线。甲公司无其他带息债务。因甲公司与施工方对工程质量存在纠纷，该工程于 2012 年 5 月 1 日至 2012 年 8 月 31 日中断。

（5）甲公司于 2011 年起从事建筑安装工程，截至 2012 年末仅承揽一项业务。建造合同约定，工程建设期为 18 个月，工程总价为 500 万元；如果工程提前 3 个月完工，并且质量符合设计要求，客户另付 100 万元奖励款。工程于 2011 年 10 月 1 日开工，于 2012 年 12 月末基本完工。经监理人员认定，工程质量未达到设计要求，还需进一步施工。

（6）甲公司持有乙公司40%股权，目前无处置计划。乙公司多年亏损，2012年度亏损500万元，预期其经营状况在未来5年内不会发生改变。2012年5月，乙公司因资金短缺，由甲公司为其代垫采购款200万元，并约定2年后还款。

资料二：A注册会计师在审计工作底稿中记录了甲公司的财务数据，部分内容摘录如下：

金额单位：万元

项目	2012年（未审数）				2011年（已审数）			
	产品销售			建造合同	产品销售			建造合同
	a产品	b产品	c产品		a产品	b产品	c产品	
营业收入	1000	5000	840	500	2000	0	0	100
营业成本	905	4600	820	320	1800	0	0	75
投资收益	（100）				（200）			
税前利润	500				400			
	a产品	b产品	c产品		a产品	b产品	c产品	
存货——产成品	0	1000	7380		400	0	0	
存货跌价准备	0	0	0		0	0	0	
在建工程——借款利息	80				0			
长期股权投资	乙公司	丙公司			乙公司	丙公司		
初始投资成本	800	500			800	0		
加：损益调整	（600）	100			（400）	0		
长期股权投资账面价值	200	600			400	0		
长期应收款——乙公司	200				0			

资料三：A注册会计师在审计工作底稿中记录了甲公司销售与收款循环的内部控制，部分内容摘录如下：

序号	风险	控制
（1）	向客户提供过长信用期而增加坏账损失风险	客户的信用期由信用管理部审核批准。如长期客户临时申请延长信用期，由销售部经理批准。
（2）	已记账的收入未发生或不准确	财务人员将经批准的销售订单、客户签字确认的发运凭单及发票所载信息相互核对无误后，编制记账凭证（附上述单据），经财务部经理审核后入账。

续表

序号	风险	控制
(3)	应收账款记录不准确	每季度末，财务部向客户寄送对账单。如客户未及时回复，销售人员需要跟进；如客户回复表明差异超过该客户欠款余额的5%。则进行调查。

资料四：A注册会计师在审计工作底稿中记录了实施的控制测试和实质性程序及其结果，部分内容摘录如下：

序号	控制	控制测试和实质性程序及其结果
(1)	产品送达后，甲公司要求客户的经办人员在发运凭单上签字。财务部将客户签字确认的发运凭单作为收入确认的依据之一。	A注册会计师对控制的预期偏差率为零，从收入明细账中抽取25笔交易，检查发运凭单是否经客户签字确认。经检查。有2张发运凭单未经客户签字。 销售人员解释，这2批货物在运抵客户时，客户的经办人员出差。由于以往未发生过客户拒绝签收的情况，经财务部经理批准后确认收入。 A注册会计师对上述客户的应收账款实施函证，回函结果表明不存在差异。
(2)	如需对ERP系统中设定的生产成本计算方法和公式进行变更，财务部将系统变更申请在当月提交至信息技术部，由其在月末前完成变更。	在检查信息技术部是否及时、恰当处理收到的申请时，A注册会计师发现2012年11月财务部提交的系统变更申请未在当月处理。信息技术部解释当月由于工作繁忙，未及时更改，已通知财务部。财务人员解释，2012年11月起，生产过程中新添加了某种辅料。因ERP系统尚未变更，财务人员通过手工计算调整生产成本。A注册会计师进行了相关测试，未发现生产成本计算错误。
(3)	现金销售通过收银机集中收款，并自动生成销售小票和每日现金销售汇总表。财务人员将每日现金销售汇总表金额和收到的现金核对一致。除财务部经理批准外，出纳应在当日将收到的现金存入指定银行。	A注册会计师对控制的预期偏差率为零，抽取25张银行现金缴款单回单与每日现金销售汇总表进行核对，发现有3张银行现金缴款单回单的日期比每日现金销售汇总表的日期晚一天。财务人员解释，由于当日核对工作结束较晚，银行已结束营业，经财务部经理批准，出纳将现金存入公司保险柜，并于次日存入银行。 A注册会计师检查了财务部经理签字批准的记录，未发现异常。

资料五：甲公司持有丙公司30%股权，因能够对其施加重大影响，采用权益法核算。A注册会计师将丙公司识别为具有财务重大性的重要组成部分，提出对其实施审计。丙公司董事会予以拒绝，但提供了经其他会计师事务所审阅的2012年度财务报表。

要求：(1)针对资料一第(1)至(6)项，结合资料二，假定不考虑其他条件，逐项指出资料一所列事项是否可能表明存在重大错报风险。如果认为存在重大错报风险，简要说明理由，并说明该风险主要与哪些财务报表项目(仅限于营业收入、营业成本、资产减值损失、财务费用、存货、长期应收款、长期股权投资和在建工程)的哪些认定相关。

事项序号	是否可能表明存在重大错报风险（是/否）	理由	财务报表项目名称及认定
（1）			
（2）			
（3）			
（4）			
（5）			
（6）			

（2）针对资料三第（1）至（3）项，假定不考虑其他条件，逐项指出资料三所列控制的设计是否存在缺陷。如认为存在缺陷，简要说明理由。

事项序号	控制设计是否存在缺陷（是/否）	理由
（1）		
（2）		
（3）		

（3）针对资料四第（1）至（3）项，假定这些控制的设计有效并得到执行，根据控制测试和实质性程序及其结果，逐项指出资料四所列控制运行是否有效。如认为运行无效，简要说明理由。

事项序号	控制运行是否有效（是/否）	理由
（1）		
（2）		
（3）		

（4）针对资料五，结合资料二，假定不考虑其他因素（如所得税），代A注册会计师判断应出具何种类型的审计报告，并续编审计报告。在答题区下划线处填列，如果部分下划线处不适用，填写"不适用"。

审计报告

甲公司全体股东：

一、对财务报表出具的审计报告

（一）_____

_____

_____

（二）_____

_____

_____

（三）_____

_____

_____

（四）管理层和治理层对财务报表的责任

略

（五）注册会计师对财务报表审计的责任

略

二、按照相关法律法规的要求报告的事项

ABC 会计师事务所　　　　　　　　　　　　中国注册会计师×××(项目合伙人)

　　（盖章）　　　　　　　　　　　　　　　（签名并盖章）

　　　　　　　　　　　　　　　　　　　　中国注册会计师××

　　　　　　　　　　　　　　　　　　　　　（签名并盖章）

　　中国××市　　　　　　　　　　　　　　二〇一三年×月×日

【答案】

（1）

事项序号	是否可能表明存在重大错报风险（是/否）	理由	财务报表项目名称及认定
（1）	是	2012 年度 a 产品的建议市场零售价和单位生产成本比 2011 年度基本没有变化。a 产品的毛利率为 10% 是合理的；b 产品的出厂价比 a 产品高约 6.7%，在两种产品的单位生产成本基本接近的情况下，b 产品的毛利率为 8%，明显不合理。存在少计营业收入或多计营业成本的风险	营业收入（完整性/准确性）营业成本（发生/准确性）存货（完整性/计价和分摊）
（2）	是	经销商提出产品质量不符合合同规定。产品可能被退回。a 产品年末存货余额为零，表明甲公司已确认该笔销售收入并结转存货成本，存在可能多计营业收入和成本的风险	营业收入（发生）营业成本（发生）存货（完整性）
（3）	是	c 产品的单位成本为 820 万元÷1000 件＝8200 元/件，折算为人民币的销售价格为 840 万元÷1000÷8.4×8＝8000 元。c 产品期末存货余额差额为（8200－8000）×9000＝1800000 元，存在减值风险	资产减值损失（完整性）存货（计价和分摊）
（4）	否	—	—
（5）	是	由于工程质量未达到设计要求，还需进一步施工，在 2012 年不满足将奖励款 100 万元确认为收入的条件，也不满足全额确认合同收入的条件，存在多记收入的风险	营业收入（发生）
（6）	是	甲公司没有计划处置乙公司，乙公司发生多年亏损，预期经营状况在可预见的将来不会发生改变，且资金短缺，甲公司的长期股权投资和长期应收款存在减值风险	长期股权投资（计价和分摊）、长期应收款（计价和分摊）、资产减值损失（完整性）

(2)

事项序号	控制设计是否存在缺陷（是/否）	理由
(1)	是	未实现职责分离目标/长期客户临时申请延长信用期，应经信用管理部审核/可能由于销售人员追求更大销售量而不恰当延长信用期，导致坏账损失风险
(2)	否	—
(3)	是	应调查所有差异/即使差异未超过甲公司对该客户应收账款余额的5%，也应当调查/也可能是重大的

(3)

事项序号	控制运行是否有效（是/否）	理由
(1)	否	抽取的25个样本中有2个样本没有经客户签字确认，该控制未得到一贯执行
(2)	否	信息技术部未及时处理系统变更申请，该控制未得到及时执行
(3)	是	—

（4）详见（七）续写审计报告[第三部分专题三—历年真题（2013年节选）]。

2019年 预测题

预测

风险-认定-内部控制-控制测试

Y公司为主要从事各种农业化肥生产和销售的上市实体。Y公司日常交易采用自动化信息系统（以下简称系统）和手工控制相结合的方式。W注册会计师负责审计Y公司2018年度财务报表。

资料一：

注册会计师在审计工作底稿中记录了所了解的Y公司的情况及其环境，部分内容摘录如下：

（1）由于2017年度生产指标未达到董事会制定的目标，Y公司于2018年2月更换了公司负责生产的副总经理及生产部门的经理。

（2）Y公司2018年6月将闲置不用的一台固定资产低价销售给母公司，固定资产原值10万元，已计提折旧6万元，销售价格为2万元。

（3）Y公司主要竞争对手于2018年年末纷纷推出促销活动。为了巩固市场份额，Y公司于2019年元旦开始全面下调主要产品的建议零售价，不同规格的主要产品降价幅度从5%到20%不等。

（4）2018年，由于行业状况发生变化，银行授予Y公司的银行信贷限额从2018年之前的1500万元调减为100万元，历年的平均贷款金额为1000万元。供应商也降低了Y公司的信用额度，因此当年经营活动现金净流量变为负数。Y 公司销售方式主要采用赊销方式。

（5）Y 公司于 2018 年 7 月发现在 2017 年 6 月购入的无形资产（管理用）没有记录，由于涉及金额 1000 万元，所以在管理层审批前先进行了会计调整，然后管理层于 2018 年 12 月予以批准。

（6）2018 年年初，Y 公司启用存货信息系统，并计划同时使用原手工控制程序 6 个月。由于同时运行两个流程对 Y 公司相关部门人员的工作量影响很大，2 个月后，Y 公司决定提前停用原手工流程。

（7）2018 年年末，Y 公司的当地政府环境管理部门，根据收到的群众投诉和调查结果，可能对 Y 公司作出停业整顿 1 年的处理。

资料二：

W 注册会计师在审计工作底稿中记录了所获取的 Y 公司财务数据，部分内容摘录如表所示。

Y 公司财务数据摘录 金额单位：万元

项目	2018 年	2017 年
营业收入	64750	58480
营业成本	55440	46730
存货账面余额	8892	8723
减：存货跌价准备	370	480
存货账面价值	8522	8243

资料三：

注册会计师在审计工作底稿中记录了所了解的有关生产与存货循环的控制，部分内容摘录如下：

（1）仓库管理员甲将原材料领用申请单编号、领用数量、规格等信息输入存货信息系统，经仓库经理乙复核并以电子签名方式确认后，系统自动更新材料明细台账。

（2）系统每月月末根据汇总的产成品销售数量及各产成品的加权平均单位成本自动计算主营业务成本，自动生成结转主营业务成本的会计分录并过入相应的账簿。

（3）每月月末进行存货盘点，仓库管理员根据盘点中发现的毁损、陈旧、过时及残次存货编制不良存货明细表，交采购经理丙和销售经理丁分析该存货的可变现净值，如需要计提存货跌价准备，由会计主管编制存货价值调整表，并安排相关人员进行账务处理。

资料四：

W 注册会计师对生产与存货循环的控制实施测试，并在审计工作底稿中记录了测试情况，部分内容摘录如下：

（1）在抽样追踪了若干笔原材料领用申请单到材料明细台账的过程中，没有发现差异，但是存在仓库经理请假期间，仍然有仓库经理电子签名确认的业务。

（2）在抽样追踪 2018 年 11 月 10 个主要产品的主营业务成本在系统中的结转过程时注意到，有两笔主营业务成本的金额存在手工录入修改痕迹。财务人员解释，由于新系统的相关数据模块运行不够稳定，部分产成品的加权平均单位成本的运算结果有时存在误差，因此采用手工录入方式予以修正，并且只有财务经理有权在系统中录入修正数据。审计检查了相关样本的手工修正后产成品加权平均单位成本，没有发现差异。

(3)注册会计师利用抽样技术，抽取若干份不良存货明细表，检查是否附有支持性的文件，询问采购和销售经理如何分析存货的可变现净值，检查会计主管对存货跌价准备计提的账务处理和披露是否恰当。检查过程中没有发现异常。

要求：

(1)针对资料一(1)至(7)项，结合资料二，假定不考虑其他条件，逐项指出资料一所列事项是否可能表明存在重大错报风险。如果认为存在，简要说明理由，并分别说明该风险属于财务报表层次还是认定层次。如果认为属于认定层次，指出相关事项主要与哪些财务报表项目(仅限于营业收入、营业成本、管理费用、存货、无形资产、资产减值损失)的哪些认定相关。

(2)针对资料三(1)至(3)项，假定不考虑其他条件，逐项判断上述控制在设计上是否存在缺陷。如果存在缺陷，分别予以指出，并简要说明理由，提出改进建议。

(3)针对资料三(1)至(3)项，逐项指出上述控制的目标是什么，主要与哪些财务报表项目的哪些认定相关。

(4)针对资料四(1)至(3)项，假定不考虑其他条件以及资料三中可能存在的控制设计缺陷，逐项指出上述测试结果是否表明相关内部控制得到有效执行。如果表明相关内部控制没有得到有效执行，简要说明理由。

【答案】

(1)

事项序号	是否可能表明存在重大错报风险（是/否）	理由	重大错报风险属于财务报表层次还是认定层次（财务报表层次/认定层次）	财务报表项目及相关认定
(1)	是	因为2017年生产指标未达到董事会制定的目标，2018年就更换了生产副总和生产经理，很可能存在高估存货的风险	认定层次	存货(存在)
(2)	否	—	—	—
(3)	是	2017年度的毛利率为20%，2018年度的毛利率为14.38%，同时2019年度开始下调主要产品的售价，说明企业存货在2018年底就存在减值的迹象，另外分析2018年度比2017年度存货余额稍有增长，存货跌价准备的计提却减少了22.92%，说明很可能少计提存货跌价准备	认定层次	存货(计价和分摊)资产减值损失(完整性)

续表

事项序号	是否可能表明存在重大错报风险（是/否）	理由	重大错报风险属于财务报表层次还是认定层次（财务报表层次/认定层次）	财务报表项目及相关认定
（4）	是	由于行业环境发生变化，影响到银行对于企业偿债能力的判断，同时企业的经营模式采用赊销，往年贷款金额远远高于2018年度的银行信贷限额，对Y公司的融资能力产生了重大影响，对于公司整体均产生广泛的影响	财务报表层次	—
（5）	是	发生无形资产核算的重大会计调整，应先审核再调整，但Y公司在进行会计调整的处理原则上存在先调整后审批的问题，可能存在重大错报风险	认定层次	无形资产（存在、计价和分摊）管理费用（准确性、发生）
（6）	是	安装了存货信息系统，并提前停止了手工控制的运行，可能存在不稳定运行的情况	认定层次	存货（存在、完整性、计价和分摊）
（7）	是	Y公司受到监管部门的调查，已经严重影响到企业正常生产经营活动，存在广泛、严重的重大错报风险	财务报表层次	—

（2）

事项序号	是否存在缺陷（是/否）	缺陷描述	理由	改进建议
（1）	否	—	—	—
（2）	否	—	—	—
（3）	是	①每月末存货盘点时，才根据发现的存货状况编制不良存货明细表；②直接将不良存货明细表提交给其他部门经理进行分析；③确定需要调整存货价值时，会计主管直接安排人员进行调整	①每月末进行存货盘点，才考虑编制不良存货明细表，对于存货价值反映不及时，容易出现存货价值已经发生损失，而没有及时反映到财务报表中的情况；②将没有经过审核的不良存货明细表，直接交给其他部门的经理进行分析，缺乏审核制度，容易出现错误，也容易出现本身存货没有毁损，但是管理员多报损毁，贪污存货的情况；③存货价值的调整需要经过复核和审批，没有经过复核可能存在错误，没有经过审批，容易出现舞弊	①建议增加非盘点期发现存货毁损时，仓库管理员编制不良存货明细表，随时反映存货状况的内部控制；②建议增加审核制度，对于仓库管理员编制的不良存货明细表，经过仓库经理乙审批后交给其他相关部门经理进行分析；③建议增加财务经理对存货价值调整的复核，并确定董事会审批的控制

（3）

事项序号	目标	财务报表项目	认定
（1）	发出材料均已准确记录	存货	计价和分摊
（2）	已销售存货均已正确结转成本	营业成本/存货	准确性/计价和分摊
（3）	存货价值调整是真实发生的	存货/资产减值损失	计价和分摊/发生、完整性、准确性

（4）

事项序号	是否得到有效执行（是/否）	理由
（1）	否	存在"未经授权的人员，利用仓库经理的代码进入系统操作"的问题，在系统安全上存在较大的隐患
（2）	否	自动控制的系统模块存在缺陷，需要手工调整的介入，财务经理有权限直接输入，产生直接篡改数据而凌驾于账户记录控制之上的风险
（3）	是	—

专题 二 判断做法是否恰当

考点梳理

押题点 根据资料判断各审计程序恰当与否

判断做法是否恰当涉及面非常广，备考难度相对较大，比如关于审计计划、重要性、审计抽样方法、其他特殊项目审计、对舞弊和法律法规的考虑、完成审计工作、判断审计报告意见类型等。

也可能涉及判断与了解内部控制、控制测试相关的做法是否恰当，例如上个专题2014年和2013年的考题。这类题目可预测性较强，题目命题规律可分为两类：

（1）通过所给资料中列示的相关内部控制，判断内部控制是否存在缺陷；

（2）与风险应对相结合，给出针对各循环审计时实施的控制测试或实质性程序，判断程序结果是否表明内部控制运行有效或程序是否恰当，如不恰当简要说明理由。

历年真题

2015 年

审计计划–风险应对–重大事项的处理–错报的调整

甲集团公司是 ABC 会计师事务所的常年审计客户，主要从事化妆品的生产、批发和零售。A 注册会计师负责审计甲集团公司 2014 年度财务报表，确定集团财务报表整体的重要性为 600 万元。

资料一：

A 注册会计师在审计工作底稿中记录了审计计划，部分内容摘录如下：

（1）子公司乙公司从事新产品研发。2014 年度新增无形资产 1000 万元，为自行研发的产品专利。A 注册会计师拟仅针对乙公司的研发支出实施审计程序。

（2）子公司丙公司负责生产，产品全部在集团内销售。X 注册会计师认为丙公司的成本核算存在可能导致集团财务报表发生重大错报的特别风险，拟仅针对与成本核算相关的财务报表项目实施审计。

（3）甲集团公司的零售收入来自 40 家子公司，每家子公司的主要财务报表项目金额占集团的比例均低于 1%。A 注册会计师认为这些子公司均不重要，拟实施集团层面分析程序。

（4）DEF 会计师事务所作为组成部分注册会计师负责审计联营企业丁公司的财务信息，其审计项目组按丁公司利润总额的 3% 确定组成部分重要性为 300 万元，实际执行的重要性为 150 万元。

（5）子公司戊公司负责甲集团公司主要原材料的进口业务，通过外汇掉期交易管理外汇风险。A 注册会计师拟使用 50 万元的组成部分重要性对戊公司财务信息实施审阅。

资料二：

A 注册会计师在审计工作底稿中记录了甲集团公司的财务数据，部分内容摘录如下：

金额单位：万元

集团/组成部分	2014 年（未审数）		
	资产总额	营业收入	利润总额
甲集团公司（合并）	80000	60000 其中：批发收入 38000 零售收入 20000 其他 2000	12000
乙公司	1900	200	（300）
丙公司	60000	40000	8000
丁公司	20000	50000	10000
戊公司	2000	200	50

资料三：

A 注册会计师在审计工作底稿中记录了风险应对的情况，部分内容摘录如下：

（1）A 注册会计师在实施会计分录测试时，将甲集团公司全年的标准分录和非标准会计分录作为待测试总体，在测试其完整性后，对选取的样本实施了细节测试，未发现异常。

（2）A 注册会计师认为甲集团公司存在低估负债的特别风险，在了解相关控制后，未信赖这些控制，直接实施了细节测试。

（3）甲集团公司使用存货库龄等信息测算产成品的可变现净值。A 注册会计师拟信赖与库龄记录相关的内部控制，通过穿行测试确定了相关内部控制运行有效。

（4）甲集团公司的存货存放在多个地点。A注册会计师基于管理层提供的存货存放地点清单，并根据不同地点所存放存货的重要性及评估的重大错报风险确定了监盘地点。

资料四：

A注册会计师在审计工作底稿中记录了重大事项的处理情况，部分内容摘录如下：

（1）因审计中利用的外部专家并非注册会计师，A注册会计师未要求其遵守注册会计师职业道德守则的相关规定。

（2）化妆品行业将于2016年执行更严格的化学成分限量标准，甲集团公司的主要产品可能因此被淘汰。管理层提供了其对该事项的评估及相关书面声明，A注册会计师据此认为该事项不影响甲集团公司的持续经营能力。

（3）在审计过程中，A注册会计师与甲集团公司管理层讨论了值得管理层关注的内部控制缺陷，并在审计报告日后、审计工作底稿归档日前以书面形式向集团管理层和治理层通报了值得关注的内部控制缺陷。

（4）注册会计师认为甲集团公司2014年某新增主要客户很可能是甲集团公司的关联方，在询问管理层和实施追加的进一步审计程序后仍无法确定，拟因此发表保留意见。

资料五：

A注册会计师在审计工作底稿中记录了处理错报的相关情况，部分内容摘录如下：

（1）2014年，甲集团公司推出销售返利制度，并在ERP系统中开发了返利管理模块。A注册会计师在对某组成部分执行审计时发现，因系统参数设置有误，导致选取的测试项目少计返利2万元。X注册会计师认为该错报低于集团财务报表明显微小错报的临界值，可忽略不计。

（2）A注册会计师发现甲集团公司销售副总经理挪用客户回款50万元，就该事项与总经理和治理层进行了沟通。因管理层已同意调整该错报并对相关内部控制缺陷进行整改，X注册会计师未再执行其他审计工作。

（3）A注册会计师使用审计抽样对管理费用进行了测试，发现测试样本存在20万元错报。X注册会计师认为该错报不重大，同意管理层不予调整。

（4）2014年10月，甲集团公司账面余额1200万元的一条新建生产线达到预定可使用状态。截至2014年年末，因未办理竣工决算，该生产线尚未转入固定资产。A注册会计师认为该错报为分类错误，涉及折旧金额很小，不构成重大错报，同意管理层不予调整。

要求：

（1）针对资料一第（1）至第（5）项，结合资料二，假定不考虑其他条件，逐项指出资料一所列审计计划是否恰当。如不恰当，简要说明理由。

事项序号	是否恰当（是/否）	理由
（1）		
（2）		
（3）		
（4）		
（5）		

（2）针对资料三第（1）至第（4）项，假定不考虑其他条件，逐项指出 A 注册会计师的做法是否恰当。如不恰当，简要说明理由。

事项序号	是否恰当（是/否）	理由
（1）		
（2）		
（3）		
（4）		

（3）针对资料四第（1）至第（4）项，假定不考虑其他条件，逐项指出人注册会计师的做法是否恰当。如不恰当，简要说明理由。

事项序号	是否恰当（是/否）	理由
（1）		
（2）		
（3）		
（4）		

（4）针对资料五第（1）至第（4）项，假定不考虑其他条件，逐项指出 A 注册会计师的做法是否恰当。如不恰当，简要说明理由并提出改进建议。

事项序号	是否恰当（是/否）	理由及改进建议
（1）		
（2）		
（3）		
（4）		

【答案】

（1）

事项序号	是否恰当（是/否）	理由
（1）	是	—
（2）	否	丙公司是具有财务重大性的重要组成部分，应当对丙公司的财务信息实施审计
（3）	否	零售收入占集团营业收入的三分之一/金额重大，对这 40 家子公司仅在集团层面实施分析程序不足够。 【提示】依据审计准则问题解答第 10 号问题二
（4）	否	组成部分重要性应当由集团项目组确定
（5）	否	戊公司的业务涉及外汇掉期交易，属于可能存在导致集团财务报表发生重大错报的特别风险的重要组成部分，应当实施审计/审计程序

（2）

事项序号	是否恰当（是/否）	理由
（1）	否	会计分录测试的总体应当包括在报告期末作出的其他调整
（2）	是	—
（3）	否	穿行测试不能为控制运行的有效性提供充分证据/穿行测试用于了解内部控制，还应当实施控制测试
（4）	否	注册会计师应当考虑存货存放地点清单的完整性

（3）

事项序号	是否恰当（是/否）	理由
（1）	否	外部专家应当遵守职业道德要求中的保密条款
（2）	否	如果识别出可能导致对持续经营能力产生重大疑虑的事项，注册会计师应当通过实施追加的审计程序，获取充分、适当的审计证据，以确定是否存在重大不确定性/未对管理层的评估实施进一步审计程序/书面声明本身并不为所涉及的任何事项提供充分、适当的审计证据
（3）	是	—
（4）	否	注册会计师应当考虑将该事项作为审计中的重大困难与治理层进行沟通，要求治理层提供进一步的信息。 【提示】依据审计准则问题解答第6号问题七

（4）

事项序号	是否恰当（是/否）	理由及改进建议
（1）	否	理由：该错报为系统性错报/可能发生于其他组成部分。 改进建议：集团项目组当关注并汇总其他组成部分的这类错报，汇总考虑该类错报对集团财务报表的影响。 【提示】依据审计准则问题解答第10号问题三
（2）	否	理由：该错报涉及较高层级的管理层舞弊。 改进建议：注册会计师应当采取下列措施：（1）重新评估舞弊导致的重大错报风险。（2）考虑重新评估的结果对审计程序的性质、时间安排和范围的影响。（3）重新考虑此前获取的审计证据的可靠性
（3）	否	理由：没有推断总体错报。 改进建议：注册会计师应当使用在抽样中发现的样本错报去推断总体的错报金额/应针对推断的总体错报金额评价其是否重大
（4）	是	【提示】依据审计准则问题解答第8号问题五

2014 年

审计计划–控制测试/实质性程序–评估错报–重大事项的处理

上市公司甲集团公司是 ABC 会计师事务所的常年审计客户，主要从事化工产品的生产和销售。A 注册会计师负责审计甲集团公司 2013 年度财务报表，确定集团财务报表整体的重要性为 200 万元。(本题资料包括：资料一、资料二、资料三、资料四、资料五)

资料一：

甲集团公司拥有一家子公司和一家联营企业，与集团审计相关的部分信息摘录如下：

组成部分	组成部分类型	执行工作的类型	组成部分注册会计师
子公司乙公司	重要	审计	XYZ 会计师事务所的 X 注册会计师
持有 20% 股权的联营企业丙公司	不重要	集团层面分析程序	不适用

资料二：

A 注册会计师制定了甲集团公司总体审计策略，部分内容摘录如下：

(1)A 注册会计师拟在审计计划阶段与治理层沟通，主要内容为：注册会计师与财务报表审计相关的责任、注册会计师的独立性、计划的审计范围以及具体审计程序的性质和时间安排。

(2)X 注册会计师未能参与集团项目组对集团财务报表重大错报风险的讨论。A 注册会计师拟另行安排时间与 X 注册会计师进行沟通，并向其通报集团项目组讨论的情况。

(3)甲集团公司内部审计部门于 2013 年测试了集团层面控制的运行有效性。A 注册会计师拟信赖集团层面控制，通过与人员讨论和阅读内部审计报告，评价了内部审计人员的测试工作，拟利用其测试结果，并认为该工作足以实现审计目的。

资料三：

A 注册会计师在审计工作底稿中记录了具体审计计划，部分内容摘录如下：

(1)A 注册会计师参与 X 注册会计师实施的风险评估程序的性质和范围包括：1)与 X 注册会计师讨论对集团而言重要的乙公司业务活动；2)复核 X 注册会计师对识别出的导致集团财务报表发生重大错报的特别风险形成的审计工作底稿。

(2)2013 年，甲集团公司以 500 万元向具有支配性影响的母公司购买一项资产。A 注册会计师了解到该交易已经董事会授权和批准，因此，认为不存在重大错报风险，拟通过检查合同等相关支持性文件获取审计证据。

(3)甲集团公司将经批准的合格供应商信息录入信息系统形成供应商主文档，生产部员工在信息系统中填制连续编号的请购单时只能选择该主文档中的供应商。供应商的变动需由采购部经理批准，并由其在系统中更新供应商主文档。A 注册会计师认为该内部控制设计合理，拟予以信赖。

(4)甲集团公司采用账龄分析法对部分应收账款计提坏账准备，财务人员根据信息系统生成的账龄信息计算坏账准备金额，由财务经理复核并报财务总监批准。A 注册会计师拟询问财务经理和财务总监，检查复核与批准记录，以测试该控制的运行有效性。

（5）甲集团公司在发货时开具出库单，在客户验收后确认销售收入。出库单按出库顺序连续编号。A注册会计师拟选取2013年12月最后若干张和2014年1月最前若干张出库单，检查其对应的销售收入是否分别记录在2013年度和2014年度。

（6）2013年，甲集团公司以非同一控制下企业合并的方式吸收合并了丁公司。因丁公司不是ABC会计师事务所的审计客户，且固定资产价值高，A注册会计师拟测试丁公司设立以来至合并日的固定资产和累计折旧账户中的所有重要记录，以核实甲集团公司在合并日确认的固定资产公允价值的准确性。

资料四：

A注册会计师在审计工作底稿中记录了审计程序的执行情况，部分内容摘录如下：

（1）甲集团公司的销售费用存在低估风险，预计错报率低于10%，总体规模在2000以上。A注册会计师采用货币单元抽样方法对销售费用实施了细节测试。

（2）甲集团公司2013年发生一起员工虚领工资事件，金额180万元。考虑到相关控制存在缺陷，A注册会计师未予以信赖，通过实施实质性分析程序获取了与职工薪酬相关的审计证据。

（3）A注册会计师在测试甲集团公司临近2013年末的会计分录和其他调整时，选取了35笔符合预定特征的样本项目，检查这些会计分录和其他调整是否获得管理层批准，入账金额是否准确，未发现错报。

资料五：

A注册会计师在审计工作底稿中记录了评估错报及处理重大事项的情况，部分内容摘录如下：

（1）丙公司的控股股东拒绝A注册会计师接触丙公司的治理层、管理层和注册会计师。A注册会计师获取了甲集团公司管理层拥有的丙公司财务报表、审计报告及与丙公司相关的信息，在集团层面实施了分析程序，未发现异常，决定不再对丙公司财务信息执行进一步工作。

（2）A注册会计师在审计过程中与甲集团公司管理层讨论了值得关注的内部控制缺陷和内部控制的其他缺陷，因此，不再以书面形式向管理层正式通报。

（3）2013年7月，甲集团公司更换了主要管理层成员。由于现任管理层仅就其任职期间提供书面声明，A注册会计师向前任管理层获取了其在任时相关期间的书面声明。

（4）2013年12月，丙公司为提高产能向甲集团公司购入一条生产线。甲集团公司取得300万元的处置净收益，在按权益法确认对丙公司的投资收益时，未作抵销处理，并拒绝接受审计调整建议。A注册会计师认为该错报金额重大，拟因此发表保留意见。

（5）2014年2月20日，A注册会计师出具了集团审计报告。在财务报表报出前，A注册会计师获悉甲集团公司2014年1月10日发生了一笔大额销售退回，因此，要求管理层修改财务报表，并于2014年2月25日重新出具了审计报告。管理层于2014年2月26日批准并报出修改后的财务报表。

要求：

（1）针对资料二第（1）至（3）项，结合资料一，假定不考虑其他条件，逐项指出A注册会计师的处理是否恰当。如不恰当，简要说明理由。

事项序号	是否恰当（是/否）	理由
（1）		
（2）		
（3）		

（2）针对资料三第（1）至（6）项，结合资料一，假定不考虑其他条件，逐项指出 A 注册会计师的处理是否恰当。如不恰当，简要说明理由。

事项序号	是否恰当（是/否）	理由
（1）		
（2）		
（3）		
（4）		
（5）		
（6）		

（3）针对资料四第（1）至（3）项，假定不考虑其他条件，逐项指出 A 注册会计师的处理是否恰当。如不恰当，简要说明理由。

事项序号	是否恰当（是/否）	理由
（1）		
（2）		
（3）		

（4）针对资料五第（1）至（5）项，结合资料一，假定不考虑其他条件，逐项指出 A 注册会计师的处理是否恰当。如不恰当，提出改进建议。

事项序号	是否恰当（是/否）	改进建议
（1）		
（2）		
（3）		
（4）		
（5）		

【答案】

（1）

事项序号	是否恰当（是/否）	理由
（1）	否	与治理层沟通具体审计程序的性质和时间安排，可能因这些程序易于被预见而降低其有效性
（2）	是	—
（3）	否	A注册会计师没有/还应当实施审计程序以确定该内部审计工作是否足以实现审计目的

（2）

事项序号	是否恰当（是/否）	理由
（1）	否	A注册会计师没有与X注册会计师讨论由于舞弊或错误导致乙公司财务信息发生重大错报的可能性，工作不充分
（2）	否	母公司对甲集团公司具有支配性影响，甲集团公司与授权和批准相关的控制可能是无效的，因此授权和批准本身不足以就是否不存在重大错报风险得出结论
（3）	否	对供应商信息修改的批准和录入是两项不相容职责/均由采购部经理执行，未设置适当的职责分离，该控制设计不合理，不应当信赖
（4）	否	由于该人工控制依赖信息系统生成的信息，A注册会计师还应当验证相关的信息系统控制（如答"信息技术一般控制"或"信息技术应用控制"也可得分）。/A注册会计师还应当验证账龄信息的准确性
（5）	否	甲集团公司在客户验收时确认收入，按照产品出库时间选取样本项目/核对财务报表日前后连续编号的出库单并不足以有效测试收入截止
（6）	否	对于非同一控制下的吸收合并，甲集团公司取得的丁公司的固定资产应当按合并日的公允价值进行初始确认，审计丁公司固定资产的账面记录不能为公允价值的准确性提供审计证据

（3）

事项序号	是否恰当（是/否）	理由
（1）	否	在货币单元抽样中，被低估的实物单元被选取的概率更低，/未入账的交易未包括在总体中，因此货币单元抽样不适用于测试低估
（2）	否	虚领工资是舞弊行为，且金额重大，表明可能存在舞弊导致的特别风险。如果针对特别风险实施的程序仅为实质性程序，应当包括细节测试
（3）	否	测试报告期末的会计分录和其他调整的目的是应对管理层凌驾于控制之上的风险。仅检查管理层的批准和入账金额准确不足以实现测试目标

（4）

事项序号	是否恰当（是/否）	改进建议
（1）	是	—
（2）	否	A注册会计师向管理层通报值得关注的内部控制缺陷应当采取书面形式
（3）	否	A注册会计师应向现任管理层获取涵盖审计报告提及的所有期间的书面声明
（4）	否	甲集团公司应当按持股比例抵销与联营企业之间发生的内部交易损益/应当抵销的错报金额为60万元，应判断为金额不重大的错报，不应因此发表保留意见
（5）	否	新的审计报告日不应早于修改后的财务报表批准日。/在出具新的审计报告前应当获取经批准的修改后的财务报表

2019年 预测题

预测

内部控制-控制测试/实质性程序

甲公司是ABC会计师事务所常年审计客户，其2018年度财务报表继续由ABC会计师事务所审计，并委派A注册会计师为项目合伙人。

资料一：

甲公司设计了如下控制：

（1）建立并不断更新维护客户信用动态档案，由销售部门对客户付款情况进行持续跟踪和监控，提出划分、调整客户信用等级的方案。

（2）为了提高销售效率，销售采用销售人员全程服务方式，即发展客户、合同谈判、签订合同由同一个销售人员负责。

（3）年末，对于超过信用期未还款的客户，由应收账款总账记账员负责催收货款。

资料二：

在制定具体审计计划时，需了解甲公司内部控制，以评估重大错报风险，进而应对评估结果设计进一步审计程序。相关情况如下：

（1）初步了解2018年度甲公司及其环境未发生重大变化，拟信赖以往审计中对管理层、治理层诚信形成的判断。

（2）通过了解甲公司对日常交易采用高度自动化处理，账务处理过程仅以电子形式存在，注册会计师认为仅通过实质性程序不能获取充分、适当的审计证据，因此考虑所依赖的相关控制的有效性，并对其进行了了解、评估和测试。

（3）A注册会计师假定甲公司在收入确认方面存在舞弊风险，拟将销售交易及其认定的重大错报风险评估为高水平，不再了解评估相关控制设计的合理性并确定其是否已得到执行，直接实施细节测试。

（4）因甲公司存货存放于外省市，监盘成本较高，拟不进行存货监盘，直接实施替代审计程序。

（5）为应对甲公司与期后事项、或有事项的完整性认定相关的重大错报风险，A 注册会计师拟将专门针对期后事项、或有事项的审计程序的时间由原定的临近审计关注结束日提前到外勤审计工作开始日。

资料三：

A 注册会计师在审计工作底稿中记录了审计程序的执行情况，部分内容摘录如下：

（1）甲公司的应付账款存在低估风险，A 注册会计师运用了货币单元抽样方法对应付账款实施了细节测试。

（2）A 注册会计师发现甲公司应收乙公司票据发生于 2017 年度，并于当年向银行贴现，2018 年度到期后乙公司未能如期偿还，并做应收账款处理，甲公司将该笔应收账款账龄定为 1 年以内。

（3）A 注册会计师针对甲公司的罐装化工原料 a 气体，通过检查账簿记录的方式实施监盘，验证其存在和完整性。

要求：

（1）针对资料一第（1）至（3）项，逐项指出甲公司的做法是否恰当。如不恰当，简要说明理由。

（2）针对资料二第（1）至（5）项，逐项指出 A 注册会计师的做法是否恰当。如不恰当，简要说明理由。

（3）针对资料三第（1）至（3）项，逐项指出 A 注册会计师的做法是否恰当。如不恰当，简要说明理由。

【答案】

（1）

事项（1）不恰当。应由独立于销售部门的信用管理部门对客户付款情况进行持续跟踪和监控，提出划分、调整客户信用等级的方案。

事项（2）不恰当。未能实现有效的职责分离，容易发生舞弊。

事项（3）不恰当。应由销售部门负责货款催收。

（2）

事项（1）不恰当。注册会计师不能仅根据甲公司及其环境未发生重大变化而直接信赖管理层、治理层的诚信，还应当考虑被审计单位相关的战略、目标等影响以及本年度的具体情况来考虑管理层、治理层的诚信问题。

事项（2）恰当。

事项（3）不恰当。对内部控制的了解是必须的。

事项（4）不恰当。除非监盘程序不可行，否则注册会计师应对存货实施监盘程序/注册会计师不能由于时间、成本等原因，减少必要的审计程序。

事项（5）不恰当。审计程序时间修改不当。针对期后事项、或有事项的审计程序实施时间越晚，越能发现这两类事项的迹象，越有助于证实这两类事项的完整性认定。

（3）

事项（1）不恰当。货币单元抽样不适用于测试总体的低估。

事项（2）不恰当。该笔应收账款的账龄应该为1—2年。

事项（3）不恰当。对于罐装的气体，注册会计师应当采用：使用容器进行监盘或通过预先编号的清单列表加以确定；选择样品进行化验与分析，或利用专家的工作。

专题 三 续写审计报告

考 点 梳 理

押题点 审计意见段、形成审计意见的基础段及其他段落的编写

关注因重大错报发表保留意见或否定意见、因无法获取充分适当的审计证据发表保留意见或无法表示意见；持续经营假设适当，但存在重大不确定性时，如果管理层充分披露的情况下发表无保留意见，并在审计报告中增加以"与持续经营相关的重大不确定性"为标题的单独部分的审计报告的续写。

历 年 真 题

一、保留意见审计报告

2013 年

保留意见（无法获取充分、适当的审计证据）

（节选）

资料五：

甲公司持有丙公司30%股权，因能够对其施加重大影响，采用权益法核算。A注册会计师将丙公司识别为具有财务重大性的重要组成部分，提出对其实施审计。丙公司董事会予以拒绝，但提供了经其他会计师事务所审阅的2012年度财务报表。

要求：（4）针对资料五，结合资料二，假定不考虑其他因素（如所得税），代A注册会计师判断应出具何种类型的审计报告，并续编审计报告。在答题区下划线处填列，如果部分下划线处不适用，填写"不适用"。

审计报告

甲股份有限公司全体股东：

一、对财务报表出具的审计报告

（一）_____

（二）_____

_____

_____

（三）关键审计事项

略

（四）管理层和治理层对财务报表的责任

略

（五）注册会计师对财务报表审计的责任

略

二、按照相关法律法规的要求报告的事项

ABC 会计师事务所　　　　　　　　　　　　　　　中国注册会计师×××（项目合伙人）

　　（盖章）　　　　　　　　　　　　　　　　　　　　（签名并盖章）

　　　　　　　　　　　　　　　　　　　　　　　中国注册会计师×××

　　　　　　　　　　　　　　　　　　　　　　　　　（签名并盖章）

　　中国××市　　　　　　　　　　　　　　　　　　二〇一三年×月×日

【答案】

审计报告类型：保留意见。

续编审计报告：

审计报告

甲股份有限公司全体股东：

一、对财务报表出具的审计报告

（一）保留意见

我们审计了甲股份有限公司（以下简称"甲公司"）财务报表，包括2012年12月31日的资产负债表，2012年度的利润表、现金流量表、股东权益变动表以及相关财务报表附注。

我们认为，除"形成保留意见的基础"部分所述事项产生的影响外，后附的财务报表在所有重大方面按照企业会计准则的规定编制，公允反映了甲公司2012年12月31日的财务状况以及2012年度的经营成果和现金流量。

（二）形成保留意见的基础

如财务报表附注×所述，甲公司持有丙公司30%股权，因能够对其施加重大影响，采用权益法核算。2012年12月31日，甲公司对丙公司的股权投资账面价值为600万元，2012年度确认对丙公司的投资收益100万元。我们未能对丙公司实施审计，无法就该项股权投资的账面价值和投资价值收益获取充分、适当的审计证据，也无法确定是否有必要对这些金额进行调整/也无法确定该事项对财务报表的影响。

我们按照中国注册会计师审计准则的规定执行了审计工作。审计报告的"注册会计师对财务报表审计的责任"部分进一步阐述了我们在这些准则下的责任。按照中国注册会计师职业道德守则，我们独立于甲公司，并履行了职业道德方面的其他责任。我们相信，我们获取的审计证据是充分、适当的，为发表保留意见提供了基础。

（三）关键审计事项

略

（四）管理层和治理层对财务报表的责任

略

（五）注册会计师对财务报表审计的责任

略

二、按照相关法律法规的要求报告的事项

ABC 会计师事务所　　　　　　　　　　　中国注册会计师×××(项目合伙人)

　（盖章）　　　　　　　　　　　　　　　　　（签名并盖章）

　　　　　　　　　　　　　　　　　　　　中国注册会计师×××

　　　　　　　　　　　　　　　　　　　　　　（签名并盖章）

中国××市　　　　　　　　　　　　　　　　二〇一三年×月×日

2012 年

保留意见(错报超过重要性水平)

（节选）

资料四：

2011 年 12 月 31 日，甲公司存货的账面余额为 2000 万元，未计提存货跌价准备。A 注册会计师结合销售合同等因素确定了 b 产品和相关原材料的可变现净值，认为应计提跌价准备 70 万元，并向管理层提出调整建议。管理层以该金额不重大为由拒绝调整。（重要性水平 60 万元，税前利润 1200 万元）

要求：（3）针对资料四，假定不考虑其他因素（如所得税），代 A 注册会计师判断应出具何种类型的审计报告，并续编审计报告。在答题区下划线处填列，如果部分下划线处不适用，填写"不适用"。

审计报告

甲股份有限公司全体股东：

一、＿＿＿＿＿＿＿＿＿＿＿＿＿＿

＿＿＿＿＿＿＿＿＿＿＿＿＿＿＿＿＿＿＿

二、＿＿＿＿＿＿＿＿＿＿＿＿＿＿

＿＿＿＿＿＿＿＿＿＿＿＿＿＿＿＿＿＿＿

＿＿＿＿＿＿＿＿＿＿＿＿＿＿＿

三、关键审计事项

略

四、管理层和治理层对财务报表的责任

略

五、注册会计师对财务报表审计的责任

略

ABC 会计师事务所　　　　　　　　　　　　中国注册会计师×××(项目合伙人)

　　（盖章）　　　　　　　　　　　　　　　　（签名并盖章）

　　　　　　　　　　　　　　　　　　　　中国注册会计师×××

　　　　　　　　　　　　　　　　　　　　　（签名并盖章）

　　中国××市　　　　　　　　　　　　　　二〇一二年×月×日

【答案】

审计报告

甲股份有限公司全体股东：

一、保留意见

我们审计了甲股份有限公司(以下简称"甲公司")财务报表，包括 2011 年 12 月 31 日的资产负债表，2011 年度的利润表、现金流量表、股东权益变动表以及相关财务报表附注。

我们认为，除"形成保留意见的基础"部分所述事项产生的影响外，后附的财务报表在所有重大方面按照企业会计准则的规定编制，公允反映了甲公司 2011 年 12 月 31 日的财务状况以及 2011 年度的经营成果和现金流量。

二、形成保留意见的基础

甲公司 2011 年 12 月 31 日资产负债表中列示的存货余额为 2000 万元。管理层对存货未按照成本与可变现净值孰低计量，这不符合企业会计准则的规定。如果按成本与可变现净值孰低计量，存货账面价值将减少 70 万元。相应地，资产减值损失将增加 70 万元，利润总额将减少 70 万元。

我们按照中国注册会计师审计准则的规定执行了审计工作。审计报告的"注册会计师对财务报表审计的责任"部分进一步阐述了我们在这些准则下的责任。按照中国注册会计师职业道德守则，我们独立于甲公司，并履行了职业道德方面的其他责任。我们相信，我们获取的审计证据是充分、适当的，为发表保留意见提供了基础。

三、关键审计事项

略

四、管理层和治理层对财务报表的责任

略

五、注册会计师对财务报表审计的责任

略

ABC 会计师事务所　　　　　　　　　　　　中国注册会计师×××(项目合伙人)

　　（盖章）　　　　　　　　　　　　　　　　（签名并盖章）

　　　　　　　　　　　　　　　　　　　　中国注册会计师×××

　　　　　　　　　　　　　　　　　　　　　（签名并盖章）

　　中国××市　　　　　　　　　　　　　　二〇一二年×月×日

二、否定意见审计报告

否定意见审计报告(结合审计调整)

(节选)

资料一:

公司未经审计的 20×7 年度财务报表部分项目的年末余额或年度发生额如下:

项目	金额(万元)
资产总额	42000
股本	15000
资本公积	8000
盈余公积	2000
未分配利润	1800
营业收入	36000
利润总额	600
净利润	400

资料二:

(4)20×6 年 2 月,X 公司与某广告代理公司签订广告代理合同,委托该公司承办产品广告业务,采用机场广告牌方式。广告代理合同约定:机场广告牌费用为 14400000 元,展示时间为 20×6 年 2 月至 20×8 年 1 月共两年,若因故在展示期间中止广告,则代理方应退还中止广告期间所对应的广告费用。X 公司于 20×6 年 7 月一次全额支付该项广告费用,并全额记入 20×6 年度销售费用。A 和 B 注册会计师在审计 X 公司 20×6 年度财务报表时认为,应自 20×6 年 2 月起的两年内平均分摊该项广告费用,提出借记"长期待摊费用"7800000 元、贷记"销售费用"7800000 元的审计调整建议。X 公司调整了 20×6 年度财务报表,但未调整 20×7 年度相关账户和财务报表。(重要性水平 120 万元)

要求:(3)在资料一的基础上,如果考虑审计重要性水平,假定 X 公司只存在资料二中的事项(4),并且拒绝接受 A 和 B 注册会计师提出的审计处理建议(如果有),在不考虑其他条件的前提下,请代为续编以下审计报告。

审计报告

X 股份有限公司全体股东:

一、_____

_____

_____

二、_____

_____

三、关键审计事项

略

四、管理层和治理层对财务报表的责任

略

五、注册会计师对财务报表审计的责任

略

ABC 会计师事务所　　　　　　　　　　　　中国注册会计师×××(项目合伙人)
　　（盖章）　　　　　　　　　　　　　　　　（签名并盖章）
　　　　　　　　　　　　　　　　　　　　中国注册会计师×××
　　　　　　　　　　　　　　　　　　　　　（签名并盖章）

　中国××市　　　　　　　　　　　　　　　　二〇×八年×月×日

【答案】

审计报告

X 股份有限公司全体股东：

一、否定意见

我们审计了 X 股份有限公司(以下简称"X 公司")财务报表，包括20×7年12月31日的资产负债表，20×7年度的利润表、现金流量表、股东权益变动表以及相关财务报表附注。

我们认为，由于"形成否定意见的基础"部分所述事项的重要性，后附的 X 公司财务报表没有在所有重大方面按照企业会计准则的规定编制，未能公允反映 X 公司20×7年12月31日的财务状况以及20×7年度的经营成果和现金流量。

二、形成否定意见的基础

X 公司应当在20×7年度财务报表的销售费用项目中列支广告费7200000元，但未予列支，不符合企业会计准则的规定。如果按规定予以列支，X 公司20×7年度利润总额将减少7200000元，从而使 X 公司由盈利变为亏损。

我们按照中国注册会计师审计准则的规定执行了审计工作。审计报告的"注册会计师对财务报表审计的责任"部分进一步阐述了我们在这些准则下的责任。按照中国注册会计师职业道德守则，我们独立于 X 公司，并履行了职业道德方面的其他责任。我们相信，我们获取的审计证据是充分、适当的，为发表否定意见提供了基础。

三、关键审计事项

略

四、管理层和治理层对财务报表的责任

略

五、注册会计师对财务报表审计的责任

略

ABC 会计师事务所　　　　　　　　　　　　中国注册会计师×××(项目合伙人)
　　（盖章）　　　　　　　　　　　　　　　　（签名并盖章）
　　　　　　　　　　　　　　　　　　　　中国注册会计师×××
　　　　　　　　　　　　　　　　　　　　　（签名并盖章）

　中国××市　　　　　　　　　　　　　　　　二〇×八年×月×日

【提示】调整分录：

借：销售费用——广告费   7200000

    一年内到期的非流动资产   600000

    贷：未分配利润   7800000

三、加单独事项段——续写有关持续经营相关的重大不确定性的审计报告(重点关注)

2009 年

持续经营假设存在重大疑虑(按照最新准则改编)

(新制度节选)资料四：因主导产品不符合国家环保要求，政府部门于20×8年12月要求甲公司在20×9年9月30日前停止生产和销售该类产品。A和B注册会计师复核了管理层对持续经营能力作出的评估和拟采取的应对措施，认为在编制财务报表时运用持续经营假设是适当的，但可能导致对持续经营能力产生重大疑虑的事项或情况存在重大不确定性。甲公司已在财务报表附注中作出充分披露。

要求：(5)假定只存在资料四所述情况，代为续编以下审计报告。

审计报告

甲股份有限公司全体股东：

一、_____

_____

_____

二、_____

_____

_____

三、_____

_____

_____

四、关键审计事项

略

五、管理层和治理层对财务报表的责任

略

六、注册会计师对财务报表审计的责任

略

ABC会计师事务所   中国注册会计师×××(项目合伙人)

  (盖章)   (签名并盖章)

    中国注册会计师×××

    (签名并盖章)

  中国××市   二○×九年×月×日

【答案】

审计报告

甲股份有限公司全体股东：

一、审计意见

我们审计了甲股份有限公司(以下简称"甲公司")财务报表，包括20×8年12月31日的资产负债表，20×8年度的利润表、现金流量表、股东权益变动表以及财务报表附注。

我们认为，后附的财务报表在所有重大方面按照企业会计准则的规定编制，公允反映了甲公司20×8年12月31日的财务状况以及20×8年度的经营成果和现金流量。

二、形成审计意见的基础

我们按照中国注册会计师审计准则的规定执行了审计工作。审计报告的"注册会计师对财务报表审计的责任"部分进一步阐述了我们在这些准则下的责任。按照中国注册会计师职业道德守则，我们独立于甲公司，并履行了其他道德方面的责任。我们相信，我们获取的审计证据是充分、适当的，为发表审计意见提供了基础。

三、与持续经营相关的重大不确定性

我们提醒财务报表使用者关注，如财务报表附注×所述，甲公司的主导产品不符合国家环保要求，应在20×9年9月30日之前停止生产和销售该类产品。甲公司管理层已在财务报表附注×中充分披露了拟采取的应对措施，但其持续经营能力仍然存在重大不确定性，可能无法在正常的经营过程中变现资产、清偿债务。本段内容不影响已发表的审计意见。

四、关键审计事项

略

五、管理层和治理层对财务报表的责任

略

六、注册会计师对财务报表审计的责任

略

ABC会计师事务所　　　　　　　　　　中国注册会计师×××(项目合伙人)
　(盖章)　　　　　　　　　　　　　　　　(签名并盖章)
　　　　　　　　　　　　　　　　　中国注册会计师×××
　　　　　　　　　　　　　　　　　　　(签名并盖章)
　中国××市　　　　　　　　　　　　二〇×九年×月×日

2019年 预测题

预测1

续写带有关键审计事项段的审计报告

资料五：

注册会计师决定针对甲公司财务报表发表保留意见的审计报告，除审计报告"形成保留意见的基础"部分及"与持续经营相关的重大不确定性"部分说明的事项外，不存在其他需要在审计报告中沟通的关键审计事项。

要求：针对资料五，注册会计师应如何编写"关键审计事项"段？

【答案】

关键审计事项

除形成保留意见的基础部分或与持续经营相关的重大不确定性部分所描述的事项外，我们确定不存在其他需要在审计报告中沟通的关键审计事项。

或：

关键审计事项

我们确定不存在需要在审计报告中沟通的关键审计事项。

【提示】 依据：《中国注册会计师审计准则第1504号在审计报告中沟通关键审计事项应用指南第五十八条。

58. 如果注册会计师确定不存在需要沟通的关键审计事项，可以在审计报告中作如下表述：

关键审计事项

除形成保留（否定）意见的基础部分或与持续经营相关的重大不确定性部分所描述的事项外，我们确定不存在其他需要在审计报告中沟通的关键审计事项。

或者

关键审计事项

我们确定不存在需要在审计报告中沟通的关键审计事项。

预测2

增加以"其他信息"为标题的段落

对于甲上市公司2018年的财务报表审计，注册会计师已获取年报等其他信息，且未识别出其他信息存在重大错报。

要求：请续写审计报告。

审计报告

甲股份有限公司全体股东：

一、审计意见

略

二、形成审计意见的基础

略

三、关键审计事项

略

四、_____

_____

_____

五、管理层和治理层对财务报表的责任

略

六、注册会计师对财务报表审计的责任

略

ABC 会计师事务所   中国注册会计师×××(项目合伙人)

（盖章）   （签名并盖章）

中国注册会计师×××

（签名并盖章）

中国××市   二〇一九年×月×日

【答案】

审计报告

甲股份有限公司全体股东：

一、审计意见

略

二、形成审计意见的基础

略

三、关键审计事项

略

四、其他信息

管理层对其他信息负责。其他信息包括[X 报告中涵盖的信息，但不包括财务报表和我们的审计报告]。

我们对财务报表发表的审计意见并不涵盖其他信息，我们也不对其他信息发表任何形式的鉴证结论。

结合我们对财务报表的审计，我们的责任是阅读其他信息，在此过程中，考虑其他信息是否与财务报表或我们在审计过程中了解到的情况存在重大不一致或者似乎存在重大错报。基于我们已经执行的工作，如果我们确定其他信息存在重大错报，我们应当报告该事实。在这方面，我们无任何事项需要报告。

五、管理层和治理层对财务报表的责任

略

六、注册会计师对财务报表审计的责任

略

ABC 会计师事务所   中国注册会计师×××(项目合伙人)

（盖章）   （签名并盖章）

中国注册会计师×××

（签名并盖章）

中国××市   二〇一九年×月×日

专题四　对应数据、比较财务报表、其他信息

考点梳理

押题点 ① 对应数据对审计报告的影响

情形描述	审计报告的处理
总体要求	当财务报表中列报对应数据时，由于审计意见是针对包括对应数据的本期财务报表整体的，审计意见通常不提及对应数据
上期导致非无保留意见的事项仍未解决	如果未解决事项对本期数据的影响或可能的影响是重大的，注册会计师应当在导致非无保留意见事项段中同时提及本期数据和对应数据
	如果未解决事项对本期数据的影响或可能的影响不重大，注册会计师应当说明，由于未解决事项对本期数据和对应数据之间可比性的影响或可能的影响，因此发表了非无保留意见
上期财务报表存在重大错报	如果注册会计师已经获取上期财务报表存在重大错报的审计证据，以前对该财务报表发表了无保留意见，且对应数据未经适当重述或恰当披露，注册会计师应当就包括在财务报表中的对应数据，在审计报告中对本期财务报表发表保留意见或否定意见
	若对应数据已在本期财务报表中得到适当重述或恰当披露。注册会计师可以在审计报告中增加强调事项段，以描述这一情况，并提及详细描述该事项的相关披露在财务报表中的位置
上期财务报表已由前任注册会计师审计	如果上期财务报表已由前任注册会计师审计，注册会计师在审计报告中可以提及前任注册会计师对对应数据出具的审计报告
上期财务报表未经审计	注册会计师应当在审计报告的其他事项段中说明对应数据未经审计。但这种说明并不减轻注册会计师获取充分、适当的审计证据，以确定期初余额不含有对本期财务报表产生重大影响的错报的责任

押题点 ② 比较财务报表对审计报告的影响

情形描述	审计报告的处理
总体要求	当列报比较财务报表时，审计意见应当提及列报财务报表所属的各期，以及发表的审计意见涵盖的各期
对上期财务报表发表的意见与以前发表的意见不同	当因本期审计而对上期财务报表发表审计意见时，如果对上期财务报表发表的意见与以前发表的意见不同，注册会计师应当在其他事项段中披露导致不同意见的实质性原因

续表

情形描述	审计报告的处理	
认为存在影响上期财务报表的重大错报，且前任出具了无保留意见	如果上期财务报表已经更正，且前任注册会计师同意对更正后的上期财务报表出具新的审计报告，注册会计师应当仅对本期财务报表出具审计报告	
	前任注册会计师可能无法或不愿对上期财务报表重新出具审计报告。注册会计师可以在审计报告中增加其他事项段，指出前任注册会计师对更正前的上期财务报表出具了报告	
上期财务报表已由前任注册会计师审计	如果上期财务报表已由前任注册会计师审计，除非前任注册会计师对上期财务报表出具的审计报告与财务报表一同对外提供，注册会计师除对本期财务报表发表意见外，还应当增加其他事项段，说明下列事项： (1)上期财务报表已经前任注册会计师审计； (2)前任注册会计师发表的意见类型(如果是非无保留意见，还应当说明非无保留意见的理由)； (3)前任注册会计师出具的审计报告的日期	
上期财务报表未经审计	如果上期财务报表未经审计，注册会计师应当在其他事项段中说明比较财务报表未经审计。但这种说明并不减轻注册会计师获取充分、适当的审计证据，以确定期初余额不含有对本期财务报表产生重大影响的错报的责任	

押题点 ③ **当似乎存在重大不一致或其他信息似乎存在重大错报时的应对**

注册会计师应当与管理层讨论该事项，必要时，实施其他程序以确定：
(1)其他信息是否存在重大错报；
(2)财务报表是否存在重大错报；
(3)注册会计师对被审计单位及其环境的了解是否需要更新。

押题点 ④ **当注册会计师认为其他信息存在重大错报时的应对**

情形	具体内容	
审计报告日前获取的其他信息存在重大错报，且在与治理层沟通后仍未更正	考虑对审计报告的影响，并与治理层进行沟通。注册会计师可在审计报告中指明其他信息存在重大错报。 (在少数情况下，当拒绝更正其他信息的重大错报导致对管理层和治理层的诚信产生怀疑，进而质疑审计证据总体上的可靠性时，对财务报表发表无法表示意见可能是恰当的) 在相关法律法规允许的情况下，解除业务约定。 (当拒绝更正其他信息的重大错报导致对管理层和治理层的诚信产生怀疑，进而质疑审计过程中从其获取声明的可靠性时，解除业务约定可能是适当的)	

续表

情形		具体内容
审计报告日后获取的其他信息存在重大错报	如果其他信息得以更正	注册会计师应当根据具体情形实施必要的程序，包括确定更正已经完成，也可能包括复核管理层与收到其他信息（如果之前已经公告）的人士沟通并告知其修改而采取的步骤
	如果与治理层沟通后其他信息未得到更正	（1）向管理层提供一份新的或修改后的审计报告，其中指出其他信息的重大错报。同时要求管理层将该新的或修改后的审计报告提供给审计报告使用者。在此过程中，注册会计师可能需要基于审计准则和适用的法律法规的要求，考虑对新的或修改后的审计报告的日期产生的影响。注册会计师也可以复核管理层采取的、向这些使用者提供新的或修改后的审计报告的步骤。 （2）提醒审计报告使用者关注其他信息的重大错报，例如，在股东大会上通报该事项。 （3）与监管机构或相关职业团体沟通未更正的重大错报。 （4）考虑对持续承接业务的影响

历 年 真 题

2007 年

对应数据、比较财务报表-其他信息

（节选）

要求：

（4）如果 ABC 会计师事务所对 X 公司 20×6 年度财务报表出具了非无保留意见的审计报告，且导致该非无保留意见的事项在 20×7 年度仍未解决，在这种情况下，假定不考虑其他因素，对 X 公司 20×7 年度财务报表应当出具何种意见类型的审计报告？

（5）假定 A 和 B 注册会计师在 20×8 年 3 月 24 日（审计报告尚未提交）阅读 X 公司其他信息时，发现与 X 公司 20×7 年度已审计财务报表存在重大不一致。假定不考虑其他因素：①如果 A 和 B 注册会计师确定需要修改已审计财务报表而 X 公司拒绝，对 X 公司 20×7 年度财务报表应当出具何种意见类型的审计报告？②如果 A 和 B 注册会计师确定需要修改其他信息而 X 公司拒绝，应当采取何种措施？

【答案】

（4）应当分下列两种情况予以处理：

如果未解决事项对本期数据的影响或可能的影响是重大的，注册会计师应当在导致非无保留意见事项段中同时提及本期数据和对应数据；

如果未解决事项对本期数据的影响或可能的影响不重大，注册会计师应当说明，由于未解决事项对本期数据和对应数据之间可比性的影响或可能的影响，因此发表了非无保留意见。

（5）如果确定需要修改已审计财务报表而 X 公司拒绝修改，A 和 B 注册会计师应当根据

具体情况出具保留意见或否定意见的审计报告。

如果需要修改其他信息而 X 公司拒绝修改。(1)除非治理层的所有成员参与管理被审计单位，注册会计师应当就该事项与治理层进行沟通；(2)注册会计师还应当采取下列措施之一：①考虑对审计报告的影响，并就注册会计师计划如何在审计报告中处理重大错报与治理层进行沟通。(注册会计师可在审计报告中指明其他信息存在重大错报。在少数情况下，当拒绝更正其他信息的重大错报导致对管理层和治理层的诚信产生怀疑，进而质疑审计证据总体上的可靠性时，对财务报表发表无法表示意见可能是恰当的。)②在相关法律法规允许的情况下，解除业务约定。(当拒绝更正其他信息的重大错报导致对管理层和治理层的诚信产生怀疑，进而质疑审计过程中从其获取声明的可靠性时，解除业务约定可能是适当的。)

`2019年`
预 测 题

预测

对应数据、比较财务报表-其他信息

ABC 会计师事务所接受委托审计多家公司 2018 年度财务报表，委派 A 注册会计师担任审计项目合伙人，相关事项如下：

(1)甲公司 2017 年度财务报表由 EFG 会计师事务所审计，并发表了无保留意见。2018 年度甲公司更换了会计师事务所，由 ABC 会计师事务所审计其 2018 年度财务报表，甲公司将 2017 年相关数据作为对应数据列示在 2018 年度财务报表中，注册会计师决定在审计报告中提及 EFG 会计师事务所，因此在强调事项段中说明了：2017 年 12 月 31 日的资产负债表，2017 年度的利润表、现金流量表和所有者权益变动表以及财务报表附注由 EFG 会计师事务所审计，并于 2018 年 3 月 15 日发表了无保留意见。

(2)由于乙公司行业特殊，注册会计师在对存货进行监盘的过程中利用了专家的工作，工作结果表明，乙公司存货项目不存在重大错报，经评价，专家的工作足以实现审计目的，因此发表了无保留意见的审计报告，并在审计报告中提及了专家的相关工作。

(3)A 注册会计师无法对丙公司对某联营企业投资的账面价值及投资收益获取充分、适当的审计证据，A 注册会计师拟对丙公司财务报表发表保留意见，并在审计报告的其他信息部分说明，无法确定年度报告中与该联营企业投资相关的其他信息是否存在重大错报。

(4)前任注册会计师拒绝 A 注册会计师查阅其 2018 年度有关丁公司存货的审计工作底稿，A 注册会计师据此认为无法对存货的期初余额获取充分、适当的审计证据。

(5)A 注册会计师发现戊公司 2017 年度财务报表存在一项重大错报(前任注册会计师对甲公司 2017 年度财务报表出具的是无保留意见的审计报告)。戊公司管理层调整了 2018 年度财务报表对应数据，在财务报表附注中作了充分披露，并将该事项告知前任注册会计师(前任并未就此采取补救措施)。A 注册会计师认为该问题已解决，就该事项在审计报告中增加强调事项段予以恰当说明，无须实施其他程序。

要求：针对上述第(1)至(5)项，逐项指出各事项的处理是否恰当。如不恰当，简要说明理由。

【答案】

(1)不恰当。如果上期财务报表已由前任注册会计师审计，注册会计师在审计报告中可以提及前任注册会计师对对应数据出具的审计报告，但当注册会计师决定提及时，应当在审计报告的其他事项段中说明，而不是强调事项段。

(2)不恰当。注册会计师不应在无保留意见的审计报告中提及专家的相关工作，除非法律法规另有规定。

(3)不恰当。无法确定年度报告中与该联营企业投资相关的其他信息是否存在重大错报，应当在形成保留意见的基础部分说明。

(4)不恰当。除查阅前任注册会计师的审计工作底稿外，可以实施其他追加的审计程序以获得期初存货的相关证据，而不能直接视为审计范围受到限制。

(5)恰当。

附　录　简答题必背

一、审计计划

1. 审计的前提条件

（1）财务报告编制基础适当；

（2）管理层认可并理解其承担的责任。

2. 管理层的责任

（1）按照适用的财务报告编制基础编制财务报表，并使其实现公允反映（如适用）；

（2）设计、执行和维护必要的内部控制，以使财务报表不存在由于舞弊或错误导致的重大错报；

（3）向注册会计师提供必要的工作条件，包括允许注册会计师接触与编制财务报表相关的所有信息，向注册会计师提供审计所需的其他信息，允许注册会计师在获取审计证据时不受限制地接触其认为必要的内部人员和其他相关人员。

二、销售与收款循环的审计

1. 营业收入存在重大错报风险时应执行的重要实质性程序

（1）必要时，实施以下实质性分析程序：

①针对已识别需要运用分析程序的有关项目，并基于对被审计单位及其环境的了解，通过进行以下比较，同时考虑有关数据间关系的影响，以建立有关数据的期望值：

a. 将本期的主营业务收入与上期的主营业务收入进行比较，分析产品销售的结构和价格变动是否异常，并分析异常变动的原因；

b. 计算本期重要产品的毛利率，与上期比较，检查是否存在异常，各期之间是否存在重大波动，查明原因；

c. 比较本期各月各类主营业务收入的波动情况，分析其变动趋势是否正常，是否符合被审计单位季节性、周期性的经营规律，查明异常现象和重大波动的原因；

d. 将本期重要产品的毛利率与同行业企业进行对比分析，检查是否存在异常。

②确定可接受的差异额；

③将实际的情况与期望值相比较，识别需要进一步调查的差异；

④如果其差额超过可接受的差异额，调查并获取充分的解释和恰当的佐证审计证据（如通过检查相关的凭证等）；

⑤评估分析程序的测试结果。

（2）结合对应收账款的审计，选择主要客户函证本期销售额。

· 168 ·

（3）销售的截止测试：

①选取资产负债表日前后若干天的发运凭证，与应收账款和收入明细账进行核对（顺查）；同时，从应收账款和收入明细账选取在资产负债表日前后若干天的凭证，与发运凭证核对（逆查），以确定销售是否存在跨期现象；

②复核资产负债表日前后销售和发货水平，确定业务活动水平是否异常（如与正常水平相比），并考虑是否有必要追加截止测试程序；

③取得资产负债表日后所有的销售退回记录，检查是否存在提前确认收入的情况；

④结合对资产负债表日应收账款的函证程序，检查有无未取得对方认可的销售。

2. 针对应收账款实施的重要实质性程序

（1）函证

参见第二部分 专题九【押题点2】（P84）。

（2）检查应收账款账龄分析是否正确

三、采购与付款循环审计

1. 未作回复的函证实施替代程序

检查至付款文件（如，现金支出、电汇凭证和支票复印件）、相关的采购文件（如，采购订单、验收单、发票和合同）或其他适当文件。

2. 检查应付账款是否计入了正确的会计期间，是否存在未入账的应付账款

（1）对本期发生的应付账款增减变动，检查至相关支持性文件，确认会计处理是否正确。

（2）检查资产负债表日后应付账款明细账贷方发生额的相应凭证，关注其验收单、购货发票的日期，确认其入账时间是否合理。

（3）获取并检查被审计单位与其供应商之间的对账单以及被审计单位编制的差异调节表，确定应付账款金额的准确性。

（4）针对资产负债表日后付款项目，检查银行对账单及有关付款凭证（如银行汇款通知、供应商收据等），询问被审计单位内部或外部的知情人员，查找有无未及时入账的应付账款。

（5）结合存货监盘程序，检查被审计单位在资产负债表日前后的存货入库资料（验收报告或入库单），检查相关负债是否计入了正确的会计期间。

3. 寻找未入账负债的测试

针对寻找未入账负债实施的审计程序：

（1）检查支持性文件，如相关的发票、采购合同/申请、收货文件以及接受劳务明细，以确定收到商品/接受劳务的日期及应在期末之前入账的日期。

（2）追踪已选取项目至应付账款明细账、货到票未到的暂估入账和/或预提费用明细表，并关注费用所计入的会计期间。调查并跟进所有已识别的差异。

（3）评价费用是否被记录于正确的会计期间，并相应确定是否存在期末未入账负债。

4. 费用的重要实质性程序

（1）获取一般费用明细表；

（2）实质性分析程序；

（3）细节测试：

①检查原始凭证–发生：对本期发生的费用选取样本，检查其支持性文件，确定原始凭证是否齐全，记账凭证与原始凭证是否相符以及账务处理是否正确。

②检查期后付款–完整性：从资产负债表日后的银行对账单或付款凭证中选取项目进行测试，检查支持性文件（如合同或发票），关注发票日期和支付日期，追踪已选取项目至相关费用明细表，检查费用所计入的会计期间，评价费用是否被记录于正确的会计期间。

③截止测试：抽取资产负债表日前后的凭证，实施截止测试，评价费用是否被记录于正确的会计期间。

四、生产与存货循环的审计

1. 确保管理层提供存货仓库清单完整性的程序

（1）询问被审计单位除管理层和财务部门以外的其他人员，如营销人员、仓库人员等，以了解有关存货存放地点的情况；

（2）比较被审计单位不同时期的存货存放地点清单，关注仓库变动情况，以确定是否存在因仓库变动而未将存货纳入盘点范围的情况发生；

（3）检查被审计单位存货的出、入库单，关注是否存在被审计单位尚未告知注册会计师的仓库（如期末库存量为零的仓库）；

（4）检查费用支出明细账和租赁合同，关注被审计单位是否租赁仓库并支付租金，如果有，该仓库是否已包括在被审计单位提供的仓库清单中；

（5）检查被审计单位"固定资产——房屋建筑物"明细清单，了解被审计单位可用于存放存货的房屋建筑物。

2. 存货监盘程序

参见第二部分 专题十（P92）。

五、风险应对

1. 总体应对措施的内容（一座桥）：

(1)向项目组强调保持职业怀疑的必要性；

(2)指派更有经验或具有特殊技能的审计人员，或利用专家的工作；

(3)提供更多的督导；

(4)在选择拟实施的进一步审计程序时融入更多的不可预见的因素；

(5)对拟实施审计程序的性质、时间安排和范围作出总体修改。

2. 增加审计程序不可预见性的方法：

(1)对某些以前未测试的低于设定的重要性水平或风险较小的账户余额和认定实施实质性程序；

(2)调整实施审计程序的时间，使其超出被审计单位的预期；

(3)采取不同的审计抽样方法，使当年抽取的测试样本与以前有所不同；

(4)选取不同的地点实施审计程序，或预先不告知被审计单位所选定的测试地点。

3. 应当实施控制测试的情况：

(1)在评估认定层次重大错报风险时，预期控制的运行是有效的；

(2)仅实施实质性程序并不能够提供认定层次充分、适当的审计证据。

4. 设计和实施进一步审计程序应考虑的因素

（1）风险的重要性；（比如虚构收入的舞弊风险）

（2）重大错报发生的可能性；

（3）涉及的各类交易、账户余额和披露的特征；（比如存货未计提应当计提的存货跌价准备）

（4）被审计单位采用的特定控制的性质；（比如针对出纳员挪用现金的舞弊风险所设计的对所有销货款进行银行账户结算）

（5）注册会计师是否拟获取审计证据，以确定内部控制在防止或发现并纠正重大错报方面的有效性。（比如管理层串通舞弊时内部控制已经失效）

5. 九宫图（详见荆晶老师基础班课程）

6. 注册会计师应当从下列方面获取关于控制运行有效的证据：

（1）控制在所审计期间的相关时点是如何运行的；

（2）控制是否得到一贯执行；

（3）控制由谁执行或以何种方式执行。

六、对舞弊和法律法规的考虑

参见第二部分　专题十二（P110）。

七、其他特殊项目的审计

参见第二部分　专题六【押题点 1】（P46）、【押题点 2】（P48）、【押题点 3】（P49），第二部分　专题三【押题点 5】（P27）。

八、审计沟通

参见第二部分　专题六【押题点 5】（P52）、【押题点 6】（P53）。

九、利用他人工作

参见第二部分　专题六【押题点 7】（P55）、【押题点 8】（P56）。

十、对集团财务报表审计的特殊考虑

参见第二部分　专题四（P33）。

十一、内部控制审计

参见第二部分　专题七（P69）。